U0833156

走进国土资源科普殿堂

——河北省国土资源科普基地掠影

吴建杰　主编

地质出版社

·北　京·

图书在版编目（CIP）数据

走进国土资源科普殿堂：河北省国土资源科普基地掠影 / 吴建杰主编 .— 北京：地质出版社，2017.11
ISBN 978-7-116-10704-5

Ⅰ. ①走… Ⅱ. ①吴… Ⅲ. ①国土资源－试验基地－河北 Ⅳ. ① F129.922

中国版本图书馆 CIP 数据核字（2017）第 292291 号

Zoujin Guotu Ziyuan Kepu Diantang：Hebeisheng Guotu Ziyuan Kepu Jidi Lueying

责任编辑：贺秋梅
责任校对：李 玫
出版发行：地质出版社
社址邮编：北京海淀区学院路31号，100083
电　　话：(010) 66554528（发行部）；(010) 66554611（编辑室）
网　　址：http://www.gph.com.cn
传　　真：(010) 66554576
印　　刷：北京地大彩印有限公司
开　　本：889mm × 1194mm 1/16
印　　张：11.5
字　　数：300千字
版　　次：2017年11月北京第1版
印　　次：2017年11月北京第1次印刷
定　　价：98.00元
书　　号：ISBN 978-7-116-10704-5

（如对本书有意见或建议，敬请致电本社；如本书有印装问题，本社负责调换）

走进国土资源科普殿堂

——河北省国土资源科普基地掠影

编委会

主　　编：吴建杰

副 主 编：王海莉　刘超英　刘庆民

编写人员：（按姓氏笔画排序）

马树起　王　芸　王海莉　王继东　过　焰　曲彦荣

刘庆民　刘佳庆　刘超英　孙艳广　孙德昌　贡志刚

李　波　李盛楠　李　鲲　吴文盛　吴建杰　张忠贤

张治河　金照光　郑建朝　郝海周　段　斌　高　婷

曹贵义　路大宽　蔡建会

统　　稿：刘扬正

序

进入21世纪以来，中国腾飞举世瞩目。在这个伟大的新时代，为了实现可持续发展，科学普及被提到了重要的位置。2002年6月，《中华人民共和国科学技术普及法》颁布实施。2006年，《全民科学素质行动计划纲要》颁布。2016年5月30日，全国科技创新大会在北京隆重召开，习近平总书记在大会上讲话强调，在我国发展新的历史起点上，把“科技创新”摆在更加重要位置，吹响“建设世界科技强国”的号角。2016年7月20日，在中国地质博物馆建馆100周年之际，习近平总书记专门发来贺信，对科技创新和科学普及、实现创新发展提出了新的更高要求。习近平总书记在信中说：“科技创新、科学普及是实现创新发展的两翼。希望你们以建馆百年为新起点，不忘初心、与时俱进，以提高全民科学素质为己任，以真诚服务青少年为重点，更好发挥地学研究基地、科普殿堂的作用，努力把中国地质博物馆办得更好、更有特色，为建设世界科技强国、实现中华民族伟大复兴的中国梦再立新功。”这不仅是习近平总书记对中国地质博物馆的殷切希望，也是对全国人民提出的殷切希望，我们一定要以落实习近平总书记贺信精神为契机，努力普及科学知识、弘扬科学精神、传播科学思想、倡导科学方法，使“讲科学、爱科学、学科学、用科学”成为全民共识，促进全民科普在中国的广阔大地上风起云涌，成果辉煌。

2016年7月11日，河北省科技创新大会在石家庄召开。会议强调，全省上下要深入贯彻以习近平同志为核心的党中央关于推进科技创新的重大决策部署，用习近平总书记重要讲话精神统一思想、武装头脑、指导实践，大力实施创新驱动发展战略，树立新理念，抓住新机遇，争取新作为，为加快建设创新型河北不懈奋斗。省委书记赵克志在大会上的讲话中指出：“‘十三五’科技创新工作的总体要求是深入贯彻习近平总书记系列重要讲话精神，围绕‘五位一体’总体布局和‘四个全面’战略布局，积极适应和引领经济发展新常态，牢固树立和落实创新、协调、绿色、开放、共享发展理念，坚持协同发展、转型升级、又好又快工作主基调，大力实施京津冀协同发展战略，大力实施创新驱动发展战略，以科技创新为核心带动全面创新，以体制机制改革激发创新活力，夯实科技基础，加强科技供给，弘扬创新精神，壮大创新队伍，推动科技与经济社会发展深度融合，加快形成以创新为引领的经济体系和发展模式，确保到2020年进入创新型省份行列。”他还特别强调：“要把科学普及放在与科技创新同等重要的位置，在全社会推动形成‘讲科学、爱科学、学科学、用科学’的良好风气。”中央和省委的重要指示为我们开展科技创新和科学普及指明了方向。

京津冀地区同属京畿重地，战略地位十分重要。当前区域总人口已超过1亿人，面临着生态环境持续恶化、城镇体系发展失衡、区域与城乡发展差距不断扩大等突出问题。实现京津冀协同发展、创新驱动，推进区域发展体制机制创新，是面向未来打造新型首都经济圈、实现国家发展战略的需要。京津冀空间协同发展、城镇化健康发展对于全国城镇群地区可持续发展具有重要示范意义。京津冀的协同发展，离不开科学的支撑，而河北更是承载着京津冀发展的重要生态功能。建设经济强省、美丽河北，是我省深入贯彻落实党中央治国理政新理念、新思想、新战略的生动实践，同时，也为我们开展国土资源科普工作提供了广阔的天地。

河北省地处华北、渤海之滨，自然资源丰富，地貌类型多样，尤其是拥有许多珍贵的、不可再生的地质自然遗产。其主要类型包括：有重大观赏和科学研究价值的地质景观；有重要价值的地质剖面和构造形迹；有重要价值的古人类遗址、古生物化石遗迹；有特殊价值的矿物、岩石及其典型产地等。地质找矿队伍在长期的找矿活动和地质研究中，积累和形成的科学测试手段和大量的地质、古生物标本，为开展国土资源科普教育活动提供了得天独厚的自然条件。

科普，从本质上来说，是一种社会教育，其根本意义在于普及科学理性（科学精神），其目的是提高大众的科学素养。但要做到提高，需要多方面的能力建设，包括科普基地、人才培养、管理组织能力和传播能力及公众服务。没有这些基础平台，科普很可能是句空话。河北现有的国家和省级地质公园、矿山公园、地质遗迹保护区、地质博物馆、科研实验室就是国土资源科普平台的重要基础。它们不但是绝佳的科普研究场所，而且是绝佳的科普教育场所。

习近平总书记精辟地指出：“文明因交流而多彩，文明因互鉴而丰富。”“让收藏在博物馆里的文物、陈列在广阔大地上的遗产、书写在古籍里的文字都鲜活起来，让中华文明同世界各国人民创造的丰富多彩的文明一道，为人类提供正确的精神指引和强大的精神动力”。科普基地建设的本质和作用，在习总书记的话里得到了生动地体现。

自2009年以来，我国先后分3批建立国土资源科普基地138家，我省在省国土资源厅的高度重视和精心筹措下，有8家入列，数量和占比都走在全国前面。同时，我省还先后建成了省级国土资源科普基地8个，目前，已有国家和省级基地共15个。从类型上分，有科技场馆类2个、资源保护类12个、科研实验类1个。这些科普基地经过“十二五”期间的建设发展，现在已取得了相当可观的成就。主要表现在：一是受到了各级领导的高度重视，原中共中央政治局常委刘云山、国务委员王勇、原中央军委委员、国务委员兼国防部长梁光烈、原河北省委书记赵克志、原河北省委副书记、省长张庆伟等都曾莅临视察指导；二是吸引了大量的观众前往参观学习，每年总计达到数百万人次；三是基础设施不断完善，道路、标牌，展品不断更新；四是合作交流方兴未艾；五是研究成果扎实丰富；六是普遍建立了宣传网站，扩大了社会影响力。

为了更好地推动国土资源科普基地建设工作蓬勃开展，更好地总结国土资源科普基地建设的经验，更好地向全社会展示我省国土资源科普基地的丰采和成就，省国土资源厅组织编写了这部《走进国土资源科普殿堂——河北省国土资源科普基地掠影》。这是一项很有意义的工作，相信通过本书的出版发行，会进一步推动我省国土资源科普基地建设迈上一个新的台阶。

“接天莲叶无穷碧，映日荷花别样红。”在省国土资源厅的关怀和指导下，陈列在河北省广阔大地上的自然遗产一定会更加鲜活起来，河北省的国土资源科普活动一定会呈现更加蓬勃的局面。

前　言

依照《国土资源“十三五”科技创新发展规划》，“十三五”期间，国土资源科技创新工作将面向世界科技前沿、国家重大需求和国民经济主战场，紧紧围绕国土资源工作定位，坚持“需求引领、前瞻部署、自主创新和统筹协调”的原则，开展国土资源重点领域科技攻关，大力建设科技创新平台，突出培养创新科技人才队伍，为落实“尽职尽责保护国土资源、节约集约利用国土资源、尽心尽力维护群众权益”职责提供保障，为国土资源事业可持续发展奠定坚实基础。

为贯彻落实《国家中长期科学和技术发展纲要（2006 ～ 2020 年）》《全民科学素质行动计划纲要（2006 ～ 2010 ～ 2020 年）》和《 科普基础设施发展规划（2008 ～ 2010 ～ 2015 年》，加强国土资源科普工作，国土资源部和科技部共同制定了《国土资源“十二五”科学技术普及行动纲要》（以下简称《行动纲要》）。《行动纲要》提出：到 2015 年，通过科普基地、科普活动、科普作品、科普人才，以及科普基础工作的全面发展和进步，形成特色鲜明的国土资源科普体系，国土资源科普能力显著提升，公民国土资源科学素养大幅度提高，国土资源科普事业得到长足发展，总体水平处于全国各行业前列。

河北省的国土资源科普基地建设就是在这样的大背景下起步，在国土资源部的关怀和指导下，取得了显著的成绩。

一、河北省国土资源科普基地建设的历程

2009 年，国土资源部印发了《国土资源科普基地推荐及命名暂行办法》，正式启动了国土资源科普基地的创建工作。河北省国土资源厅在国土资源部的指导下，制定了《河北省国土资源科普基地评审办法》；推荐了“河北野三坡世界地质公园”、“河北武安国家地质公园”和“河北开滦国家矿山公园”3 家公园申请国家级国土资源科普基地，并通过了国土资源部的专家评审，成为河北省首批被国土资源部批准的资源保护类国土资源科普基地。

2010 年，国土资源部、科技部共同制定了《国土资源“十二五”科学技术普及行动纲要》，在全面分析国土资源科普工作面临形势及国土资源科普工作现状基础上，明确了“十二五”期间国土资源科普工作的指导思想、发展目标和重点任务。《行动纲要》指出，“十二五”期间，要深入贯彻

落实科学发展观，政府引导、充分调动全社会力量共同参与，在新的经济社会发展阶段和科技进步条件下，结合创建资源节约型、环境友好型社会等中心工作，突出国土资源行业特点，以逐步提高全民国土资源科学技术素养为目标，以加强国土资源科普能力建设为主线，构建和发展国土资源科普体系，全面推进国土资源科普事业。

在《行动纲要》指引下，河北省省级国土资源科普基地的建设得到积极推进。2011 年，《河北省国土资源科普基地管理办法》（暂行）出台。在该文件的规范下，河北省国土资源厅评审命名了 7 个省级国土资源科普基地：

河北昌黎黄金海岸国家级自然保护区国土资源科普基地

河北柳江盆地国家地质公园国土资源科普基地

河北灵寿县五岳寨省级地质公园国土资源科普基地

河北涞源房山世界地质公园白石山园区国土资源科普基地

河北省邢台峡谷群国家地质公园国土资源科普基地

石家庄经济学院地球科学博物馆国土资源科普基地

河北海盐博物馆国土资源科普基地

同年，依据《国土资源部办公厅关于组织开展第二批国土资源科普基地推荐命名工作的通知》，河北省国土资源厅积极组织我省国土系统开展此次申报工作，在征集各市国土资源局、厅属事业单位及各科研院所等相关单位的意见，组织相关专家进行实地考察、座谈、论证、评审后，认为泥河湾国家级自然保护区、赞皇嶂石岩国家地质公园、河北省地矿中心实验室、昌黎黄金海岸国家级自然保护区具备各项申报条件，时机成熟，上报国土资源部，并得到了审查批准。

2013 年，根据《国土资源部办公厅关于组织开展第三批国土资源科普基地推荐命名工作的通知》，各省本次推荐 1 个单位，只在省级国土资源科普基地中进行，经省国土资源厅初审及专家认定后，推荐了石家庄经济学院地球科学博物馆（现已更名为“河北地质大学地球科学博物馆”）作为本批国家级国土资源科普基地单位，并得到了审查批准。

2014 年，河北省国土资源厅再次评审通过并命名了 2 个省级国土资源科普基地：

河北省赤城侏罗纪地质公园国土资源科普基地

河北省承德地貌国家地质公园国土资源科普基地

至此，除去国家和省交叉命名的之外，河北省已拥有 15 个国家和省级国土资源科普基地（国家级 8 个，省级 7 个），其中科学场馆类 2 个，资源保护类 12 个，科学实验类 1 个。

二、河北省国土资源科普基地的鲜明特色

河北省国土资源科普基地有着各自不同的鲜明特色和内容。

河北野三坡世界地质公园国土资源科普基地地处太行山脉与燕山山脉的交会处，雄踞于紫荆关深断裂带北端之上，是华北板内造山带的典型代表，具有典型性、稀有性、系统性。此外，野三坡还有完整的地质遗迹，各类不整合面清晰，侵入岩、火山岩、沉积岩、变质岩各类岩石遗迹齐全，异常发育的构造节理、断层、褶皱等构造遗迹突出，山地夷平面、河流阶地各种拟态等地貌遗迹丰富多彩。它浓缩了华北地区30亿年来地质构造的演化史，是专家、学者研究全球构造和板内造山带的最佳区域，是学生教学实习的理想基地，是科普教育的生动课堂。

河北武安国家地质公园国土资源科普基地，地质遗迹丰富多彩，30亿年的沧海桑田，形成了太古宇、元古宇、古生界和新生界。多次构造运动，尤其是距今2.01亿年以来的燕山运动、喜马拉雅运动造就了京娘湖、古武当山、七步沟、武华山的石英砂岩峡谷峰林景观；第四纪以来玄武岩浆在柏草坪景区多期溢流，留下了奇特的岩流和溢流口景观、对围岩烘烤景观；岳庄寒武纪地层中多属种的三叶虫、腕足类、牙形石，尖山奥陶系峰峰组灰岩中含的三叶虫、角石、腕足类、腹足类等化石，记录了距今5.41亿～4.58亿年前的古地理环境。

开滦，历经世纪沧桑，几乎见证了和涵盖了中国早期工业发展史、民族屈辱与抗争史、工运与建党史、中华人民共和国建设发展史、工人阶级艰苦创业史、改革与转型发展历程等全部的内容，称得上是一座浓缩工业文明的记忆殿堂，一个讲述中国近现代工业发展历史的大课堂，一部爱国主义教育的综合性读本，为建设发展开滦国家矿山公园积淀了厚重的文化底蕴。

泥河湾自然保护区国土资源科普基地，埋藏着丰富的哺乳动物化石和大量旧石器时代考古遗迹，世界上其剖面最多、保存最完好、国际地质考古界公认的第四纪标准地层，是世界上绝无仅有的、早更新世石器时代的遗址。它的考察发掘，被评为中国20世纪100项考古重大发现之一。

嶂石岩国家地质公园国土资源科普基地，最为典型的是嶂石岩地貌和元古宇长城系砂岩中的层理与层面构造（交错层构造、波纹构造）。嶂石岩是太行山脉中段高峰之一，海拔1774米。嶂石岩地区的岩石形成于距今16亿年前的长城系，主要是轻变质的石英砂岩。嶂石岩地貌以长而陡的崖壁和发育于支沟与崖壁相汇处的弧形瓮状谷为特征，是因太行山前深断裂和沿断裂快速提升，受水流侵蚀、崩塌等综合作用而形成的地貌景观形态。这里是嶂石岩地貌的命名地，其类型发育齐全、形态典型、保存完好，可称为地质遗迹的天然博物馆，具有极高的地质、地貌科研、教育和科普价值。

地质实验测试中心国土资源科普基地，是一个具有检测分析、科学研究、选冶试验、技术开发应用和金银珠宝饰品、石材制品监督检验的综合性中心实验室，可承担地质找矿、资源开发及综合利用、农业地质、城市环境地质、生态地质、公共卫生等领域的无机元素、有机污染物，以及元素的有效态、形态、价态等分析测试及选冶试验工作；同时可承担金银珠宝鉴定、石材制品物理性能及放射性检验等社会服务检测工作。

河北昌黎黄金海岸国家级自然保护区国土资源科普基地，拥有由沙丘、沙堤、潟湖、林带和海洋生物等构成的沙质海岸自然景观及所在海区生态环境和其他自然资源，是研究海洋动力过程和海陆变化的典型岸段，具有重要的生态价值、科研价值和观赏价值。

河北地质大学地球科学博物馆国土资源科普基地，现有馆藏品2万余件，展出藏品8000余件，其中不乏在国际、国内都十分珍贵和罕见的藏品。“不寻常华北龙”长20米，背高4.2米，头高7.5米，重达50余吨，是目前发现的我国乃至亚洲晚白垩世个体最大、时代最晚、保存最为完整的蜥脚类化石，属世界级珍宝。馆藏的优质稀少宝石塔菲石重1.32克拉，极其珍贵；世界百枚名钻1:1仿制品，也具有极高的观赏价值和科普价值。

河北柳江盆地国家地质公园国土资源科普基地，以古生物化石、地层剖面、岩溶地貌和花岗岩地貌为特色。地层剖面界线清楚，化石丰富，沉积构造发育。此外，其他地质遗迹也非常丰富，包括三大岩类、各种地质构造形迹、不同规模的褶皱、不同级别的断裂及揉皱、牵引等，还有河流阶地、海蚀海积等地质遗迹。该公园是适合高校地质实习和向公众普及地球科学知的良好场所，被公认为“天然地质博物馆”。

河北灵寿县五岳寨省级地质公园国土资源科普基地，广泛出露中、古元古代变质岩系，由于新生代喜马拉雅运动的强烈抬升和差异断块活动，造成了低平的华北平原（海拔几十米）与高耸的太行山的强烈对比，形成了山地沟深坡陡、山势雄奇险秀、峡谷多而幽险的奇特景观。

河北涞源房山世界地质公园白石山园区国土资源科普基地，以白石山白云质大理岩形成的地貌为主要特征，被命名“涞源白石山式（塔峰）石林景观”，辅以十瀑峡花岗岩景观及瀑布群和拒马源构造泉群等地质遗迹组成。白石山的白云质大理岩是白云岩经岩浆炽烤变质而成，上部的白云岩盖层形成于14亿年前的海洋环境；地壳运动使这块白云质大理岩产生了两组以上的垂直节理，风化作用使垂直裂隙不断扩大，岩层变成了根根伫立的塔柱状峰，造就出了雄、奇、险、幻的“白石山式地貌景观”。其核心部位的大理岩峰林是中国唯一的大理岩峰林地貌。

河北省邢台峡谷群国家地质公园国土资源科普基地，具有因地质历史上强烈的构造隆升和多种地质作用造就的规模宏大、纵横交错的峡谷群。丰沛灵动的瀑布景观及气势恢宏的锅穴系统，彰显出其独特而稀有的流水侵蚀地貌；丰富而典型的沉积构造，真实记录了地球十几亿年的海陆变迁历史，是探索峡谷地貌成因、追溯地质发展历史的百科全书，对保护地质遗迹和普及科学知识具有现实意义。

河北海盐博物馆国土资源科普基地，以全国各地的盐业资料为基本展示内容，以多种高科技的技术手段为支撑，生动地再现了我国自4000多年前就开始的盐业生产和盐民生活的多层文化全貌。

河北省赤城侏罗纪地质公园国土资源科普基地，由恐龙足迹、冰川遗迹、丹霞地貌遗迹和展览馆构成，中生代地质、地貌等遗迹资源十分丰富，加之历史人文景观和其他自然景观，具有较高的科研价值和观赏价值。

河北省承德地貌国家地质公园国土资源科普基地，是一座以丹霞地貌为主，以清代皇家园林景观和热河古生物群景观为辅，集自然、生态、人文于一体的综合性地质公园。承德丹霞地貌具有极好的代表性，反映了丹霞地貌整个发育演化进程，是研究华北丹霞地貌形成、发展和演化的最佳场所。

三、河北省国土资源科普基地建设成绩显著

河北省国土资源科普基地经过“十二五”期间的建设发展，现在已取得了斐然可观的成就，主要体现在：

一是各级领导高度重视和关怀。如原中共中央政治局常委刘云山、国务委员王勇、原中央军委委员、国务委员兼国防部长梁光烈、原河北省委书记赵克志、原河北省委副书记、省长张庆伟等领导同志都曾莅临视察指导。

二是基础设施不断完善。地质博物馆多姿多彩，不但展品丰富，而且普遍使用了声、光、电，甚至“3D”技术，使科学性和趣味性高度融合，受到广大观众的喜爱和赞扬。基地道路、标识牌、展品也在不断改进。如武安市政府投资1.5亿元修建了武安基地旅游环线（其中隧道800米），七步沟景区投资7亿元对各景点整治一新。

三是合作交流十分踊跃，科普活动扎实深入。如柳江科普基地，每年有上百所大专院校近万人次来此研究考察，接待实习师生人数名列全国第一。河北海盐博物馆在台湾盐博物馆展出了“天工开物——中国盐史”。所有科普基地都积极策划“世界地球日”、“全国科普日”、“科技活动周”等重大科普宣传活动，与广大观众形成良性互动，增强了科普的意识和氛围。野三坡基地针对中、小学生开展地学夏令营主题活动，每年参加人数达10万人次；开展的各种主题科普活动，参加人数超过百万人次。

四是研究成果扎实丰富。野三坡科普基地与中国地质大学（北京）合作建立科研教学基地，卓有成效地开展了一系列地质资源调查和研究工作，已公开发表有关论文12篇。白石山科普基地出版了多种科普读物，其中《涞源白石山》被评为“2015年国土资源优秀科普图书”。其他科普基地也出版了丰富多彩的各种科普读物，取得了丰硕的研究成果。

五是人员素质不断提高。如开滦科普基地已拥有一支由21名在册讲解员组成的专业讲解员队伍，圆满完成了19位党和国家领导人、500多位省部级领导及40余万名中外来宾的讲解服务工作，多次受到各级领导和观众的好评。

六是普遍建立了宣传网站，每年公众访问量不断增多，极大地扩大了社会影响力。

四、河北省国土资源科普基地建设“十三五”的发展目标

对“十三五”国土资源科普基地的发展，在省国土资源厅的统一谋划和指导下，将努力达到如下目标：

力争成功推荐国家科普示范基地1个，力争新命名全国国土资源科普基地2个，发展省级科普基地3个；组织编写出版具有广泛社会影响的科普图书和音像制品5套；培育一批全国国土资源科普活动精品；推进重要科技项目成果科普化；建成1～2个具有全国影响力的科普网络平台；创作奖励一批优秀的科普作品；培训培养一批科普人才。

到“十三五”末，通过科普基地、科普活动、科普作品、科普人才，以及科普基础工作的全面发展和进步，形成特色鲜明的国土资源科普体系，使国土资源科普能力显著提升，总体水平处于全国前列。

习近平总书记在给中国地质博物馆建馆100周年的贺信中指出：“科技创新、科学普及是实现创新发展的两翼。希望你们以建馆百年为新起点，不忘初心、与时俱进，以提高全民科学素质为己任，以真诚服务青少年为重点，更好发挥地学研究基地、科普殿堂的作用，努力把中国地质博物馆办得更好、更有特色，为建设世界科技强国、实现中华民族伟大复兴的中国梦再立新功”。

我们决不辜负习近平总书记对全民科学素质和地学科普事业的高度关注和期待。放眼未来，河北省国土资源科普基地必将为传播地学知识、提升全民科学素养做出更大贡献！

目 录

野三坡国土资源科普基地

…………■ 马树起 01

武安国家地质公园科普基地

…………■ 郝海周 21

开滦国家矿山公园科普基地

…………■ 李 鲲 33

泥河湾国家级自然保护区科普基地

…………■ 刘佳庆 46

赞皇嶂石岩国家地质公园科普基地

…………■ 郑建朝 韩 杰 李 辉 61

河北省地质实验测试中心科普基地

…………■ 王 芸 69

昌黎黄金海岸国家级自然保护区科普基地

…………■ 金照光 76

河北地质大学地球科学博物馆

…………■ 张维婷 张丽君 吴文盛 87

柳江盆地地质遗迹国家级自然保护区科普基地

…………■ 路大宽 98

灵寿五岳寨地质公园科普基地

…………■ 曹贵义 109

河北涞源房山世界地质公园白石山园区国土资源科普基地

……■ 王继东 115

邢台峡谷群国家地质公园科普基地

……■ 曲彦荣 126

河北海盐博物馆科普基地

……■ 孙德昌 135

河北省赤城侏罗纪地质公园科普基地

……■ 孙艳广　梁成福 146

河北承德丹霞地貌国家地质公园科普基地

……■ 张治河　吴纬文　孟　颖　孟祥辉　潘鸿钧 154

野三坡国土资源科普基地

■ 马树起

一、基地简介

野三坡国土资源科普基地主要依托房山世界地质公园野三坡园区，位于河北省保定市涞水县西北部，地处太行山与燕山山脉交汇处，雄踞紫荆关深断裂带北端之上，浓缩了华北地区30亿年以来地质－构造演化史。区内地质发育齐全，沉积岩、变质岩、岩浆岩出露，多期强烈的构造运动和岩浆活动，造就了野三坡典型独特的地质地貌和“雄、险、奇、幽”的自然风光。这里不仅是一座天然的地质博物馆，是一部内涵深刻的“地质教科书”，还是青少年了解地质历史的重要窗口。基地由百里峡构造——冲蚀嶂谷景区、龙门天关花岗岩断裂构造峡谷景区、鱼谷洞岩溶洞泉景区、白草畔火山岩景区、拒马河景区等六大景区组成。园区面积344.38平方千米，有26个科普场地，包括室内科普展馆、室外科普展馆、科普长廊等，是科学家研究新全球构造和板内造山带的最佳地域。野三坡国土资源科普基地的建立，带动了旅游业的发展，促进了地球科学知识的传播，提高了景区的地质文化内涵，促进了当地经济社会发展。

野三坡园区

鸟瞰野三坡

二、资源特色

1. 地质风光

■ 冲蚀嶂谷：百里峡构造

百里峡位于基地南部，由十悬峡、海棠峪、蝎子沟三条各具特色的构造——冲蚀嶂谷组成，总长52.5千米，有“天下第一峡”之美誉，这里悬崖

百里峡构造－冲蚀嶂谷

峭壁，险峻挺拔，峡谷幽深，蜿蜒曲折。

嶂谷中有“一线天”、“不见天”，从谷底仰望，只见“蓝天一线”。这里有奇峰怪石，如“回首观音”、“仙官指路”，“老虎嘴”，惟妙惟肖，拟态逼真；“铁索崖”、“龙潭映月”，令人望而生畏。如此奇特美景，使人目不暇接、流连忘返。这些都是大自然赐予的宝贵的、不可再生的地质遗迹资源。

■ 花岗岩断裂构造峡谷：龙门天关

龙门天关位于基地西北部，这里地质遗迹独特，有距今1.18亿～0.918亿年形成的花岗岩组成的巨大断层峡谷，断崖绝壁，气势磅礴，雄伟壮观；上面有著名的摩崖石刻，是华北地区最大的石刻群，被誉为“自然文化长廊”。上天沟主峰海拔1099米，有九道瀑布和十八湾清潭，美丽风光似“天庭胜景”。峡谷中奇峰林立，雄伟壮观，花岗岩地貌景观壮美、奇特，有龟身蛇头的“玄武”，有“鱼鳞石”、“千层岩”等，瀑布如玉龙飞舞，银花飞溅，形成多台阶跌水景观，瀑布清流给峡谷带来无限生机。

龙门天关—— 花岗岩地貌

白草畔 —— 1.6亿年前的古火山口（恨天指）

■ 古火山口：白草畔

白草畔位于基地东部，景区面积90平方千米，主峰海拔1983米。这里曾是1.6亿年前的古火山口，群峰险峻挺拔，山上怪石嶙峋，山谷溪水清澈，气候清爽怡人，茂密的森林植被，自由出没的野生动物，共同构成了独具特色的生态环境。天然森林达10万余亩，植物多达92科713种，形成了一座“天然植物园”，享有太行山中一颗“绿色明珠”的美誉。这里有“六月冰川”景观，白草畔“一山兼四季，上下不同天”。

■ 构造岩溶洞泉：鱼谷洞

鱼谷洞位于基地中部，洞内幽深莫测，全长约200米，平均宽10米，高0.5～20米。洞中石笋、石钟乳保留原始风貌，洞深处有古暗河河床砾岩沉积。该洞发育于5亿～4.9亿年前形成的上寒武统竹叶状和泥质条带灰岩中，受断裂、断层和节理的联合控制。洞的尽头还有一泓泉水，洞口有一鱼谷洞泉，泉水清澈，每当农历谷雨季节前后，从泉洞中不断喷出鱼来。这个具有喷鱼奇观的洞泉，是河北八大怪泉之一。

■ 在距今14亿年前的地层中切割穿行：拒马河

拒马河发源于涞源县，是一条蛇曲状“返老还童”的山区河，穿流景区35千米，对所经山地切割作用强，使距今14亿年前形成的蓟县系雾迷山组等地层，多形成两壁陡峭的峡谷，奇峰林立，挺拔陡峻。

拒马河流域气候凉爽，环境清幽，山峦起伏，植被丰盈茂密，是消夏避暑胜地之一。荡一叶竹排，游弋于拒马河中，赏两岸青山幽幽，景景相连，田园广阔，阡陌纵横，湖光潋滟，令人心旷神怡。

鱼谷洞——岩溶洞泉

鸟瞰拒马河

2. 地质资源

基地位于太行山山脉与燕山山脉连接处，是山西断隆和燕山台褶带两大构造单元的结合部。地处著名的紫荆关深断裂带北端，是太行山深断裂带构造和地貌景观最为雄伟壮观的地段，也是燕山期岩浆侵入和火山喷发的重要部位，还是“新华夏构造体系”的关键部位。这里是“燕山运动”、“喜马拉雅运动”“新构造运动”表现最强烈、最深刻的地方，是“板内（陆内）造山带”的典范地区之一，也是被我国地质学家称为“地台活化”的典型区域之一。

基地内地质遗迹记录了距今30亿年来华北板内造山带各个时期的地质构造演化史，其类型不仅多样、齐全，而且它们都有内在联系，重要的地质遗迹有地貌遗迹、岩石遗迹、地层遗迹和构造遗迹四大类，每一种类型都具有极高的科学研究价值和美学观赏价值，可组织多种多样的科普宣传活动，具有很高的科普价值。

（1）地貌遗迹

主要由百里峡构造冲蚀嶂谷（特殊喀斯特地貌）、龙门天关花岗岩构造地貌、佛洞塔唐县面与上新世湖相沉积层（太行—燕山山区最重要的夷平面）、中更新世坡积黄土—百里峡两期岩溶地貌分界层（关键性稀有层位）、鱼谷洞构造岩溶洞泉地质遗迹（稀有北方喀斯特岩溶地质遗迹）等组成。

冲蚀嶂谷

走进百里峡，雄伟、险峻的山峰和峡谷展现在眼前，山谷两壁直上直下，如斧劈刀削；谷底有少量沉积物，地质学上称为“嶂谷”。嶂谷是由于岩层中发育多组宏大直立的构造裂隙（地质学上称为“构造节理”），后期经崩塌及间歇性水流的冲刷、侵蚀，使裂隙（节理）不断扩张而形成。

“一线天”是嶂谷形成的初期阶段，由于物理风化作用和间歇性水流下切及侧向侵蚀，使垂直地面的裂隙（节理）不断扩张，形成十分狭窄的嶂谷，故称“一线天”。

一线天

双曲凹槽“老虎咀”侧洞

河流阶地

在山坡上可见到下部为沙砾石层，上部为黏土堆积物，呈现出二元结构，它们是河流阶地。由于地壳上升，原来的河床被抬高，形成河谷两坡的阶梯状地形，称为河流阶地。

■ 朝阳峰

几十万年以来，在半干旱气候条件下，经过长期物理风化与流水冲蚀，形成如今的峰丛地貌和十分发育的冲蚀沟，显示了北方地表岩溶地貌景观的特色。

朝阳峰

■ 天生桥

天生桥坐落在百里峡嶂谷之中。“桥墩”为火成岩（闪长玢岩），“桥樑”为沉积岩（燧石条带白云岩）。由于14亿年前形成的燧石条带白云岩受后期构造运动影响，产生了多组裂隙（节理），在约1万年前，因地壳抬升，经物理风化，岩石沿节理面垮落及流水冲蚀而成。

天生桥

（2）岩石遗迹

主要由古地震－海啸遗迹、罗古台侏罗纪火山集块岩锥、白草畔侏罗纪火山岩风动石、分布于百里峡及周围雾迷山组中的软变形、丘状层及震裂、震碎等构造和28亿年前深变质角闪斜长片麻岩等组成。

近代“钙华”

天梯瀑

藻叠层石

风动石

砾岩

“鱼鳞石”

石钟乳和石笋

石幔

“竹叶”状灰岩

石花

（3）地层遗迹

由28亿年前陆核基底与14亿年前沉积盖层之间的不整合面、紫石口—佛洞塔寒武系—奥陶系剖面、奥陶纪灰岩与侏罗纪火山岩不整合面组成。

迎客峰（北方半干旱岩溶地貌）

雾迷山组地层

波痕

千层岩

（4）构造遗迹

主要由龙门天关花岗岩大断壁、上天沟口花岗岩中碎裂岩、上天沟与第5瀑布处花岗岩中的断裂擦痕、都衙正断层和下庄逆断层等组成。

向斜构造

花岗岩大断壁

断层

单斜岩层

(5)象形石

又称形象石，由于内动力地质作用和外动力地质作用综合施加于岩体，常常形成形态各异的观赏石。

擎天玉柱

回首观音

仙官指路

金鸡报晓

镇山神将

三、成长历程

野三坡，1984年开发，1986年对外开放；1988年，经国务院审定为国家级风景名胜区；2001年，由国家旅游局评定为AAAA级旅游景区，同年被中华环保基金会确定为生态示范区；2004年2月，由国土资源部批准为国家地质公园，同年11月被国家林业局批准为国家森林公园；2006年9月，由联合国教科文组织评定为世界地质公园；2009年5月，由国土资源部确定为第一批国土资源科普基地，同年12月，被中国科学技术协会评为全国科普教育基地；2011年1月，由国家旅游局评定为国家AAAAA级旅游景区；2012年8月，由国家文化部评定为国家文化产业示范基地；2013年12月，由中国旅游协会、中国旅游报社联合评定为“美丽中国十佳景区”；2014年12月，由中国旅游协会、中国旅游报社联合评定为“美丽中国十佳旅游县”；2014年2月，由国家旅游局、国家环境保护部联合评定为国家生态旅游示范区。

国土资源科普基地揭牌仪式现场

四、交流协作

1）每年都邀请中国地质大学（北京）教授到野三坡做专题报告和野外科普活动指导。

2）不断完善科普工作志愿者服务体系，与中国地质大学（北京）、国土资源部国土资源作家协会等部门建立合作关系，同时吸引高等院校、科研院所专家学者及离退休人员等各方面人才加入到科普工作队伍。

3）与中国地质大学（北京）合作组织在校大学生开展科普教育活动，进行野外教学实习、野外观测、标本采集、野外地质探险等。

中国地质大学（北京）田明中、武法东、张建平教授指导基地建设

中国地质大学学生来基地实习

4）针对中小学生开展地学夏令营主题活动，每年参与科普活动的人员达 10 万人次。

5）每年“世界地球日”、“全国土地日”、“全国科普日”、“全国科技周”等重大节日都在野三坡开展主题科普活动，累计参加人数超过百万人次；活动期间组织形式多样的科普宣传，科普宣传活动进社区、进学校。

中国地质大学（北京）学生来基地实习

开展地学科普活动

2013～2016年科普宣传进景区活动

2013～2016年科普宣传进社区活动

6）加强与其他部门的沟通联系，扩大宣传面。与县委宣传部、广播电视局合作，开通了涞水县电视台旅游频道，大力宣传普及地球科学知识，提升全民科学素养，增强资源保护意识，展示国土资源工作良好形象；建立了科技、教育、传媒等相关部门的合作协调机制、人员互访制度、专家参与制度等，使各方在国土资源科普传播活动中形成良性互动和互补，使科普工作在《国土资源报》等媒体经常得到报道。科普宣传活动取得了良好效果，极大地提升了科普基地的社会知名度和影响力。

7）建立了中国地质大学（北京）科研教学基地；卓有成效地开展了一系列地质资源调查和研究工作。中国地质大学（北京）的专家教授先后数次深入现场，进行细致的地质遗迹考察研究，对野三坡地区的主要地质遗迹类型、地质遗迹的成因与形成过程进行了科学定位，充分挖掘了地质遗迹的科学性与内在美，公开发表相关论文12篇。

2015年10月10日，中国地质博物馆副馆长刘树臣到野三坡调研

2010年5月3日，世界地质公园评委、地质专家赵逊对野三坡科普基地建设进行指导

2010年7月13日，联合国教科文组织专家检查团对中国房山世界地质公园野三坡园区指导

2014年7月24日，联合国教科文组织世界地质公园专家局专家对中国房山世界地质公园野三坡园区指导

五、阶段成果

（1）着力加强科普管理

科普联席会研究工作

为加强科普工作的组织领导，建立了以县科协、科技局、国土资源局、宣传部、景区管委会等单位组成的科普联席会，形成了多渠道、多层次的科普工作网络体系，将科普工作纳入到野三坡管委会重要议事日程，着力推动科普工作开展；制定了《河北野三坡世界地质公园国土资源科普基地发展规划》，进一步明确了科普基地发展的指导思想、基本原则、发展目标和工作任务；建立健全了一套较为完善的科普管理制度体系；制定了《科普工作联席会议制度》《科普基础设施建设规划》《科普资金使用管理制度》《定期培

训制度》《科普工作志愿者服务制度》《科普工作激励制度》等 10 余项相关制度，为河北野三坡世界地质公园国土资源科普基地的发展提供了组织机制保障。

（2）提升科普活动能力建设

科学谋划、精心设计、制作生态并与环境相协调的科普基地标识系统，充实完善了免费向公众开放的科普展馆，向游人进行科普知识和环境保护意识的宣传教育，成为功能独特的科普宣教基地；建成了 200 米科普长廊，增设科普解说牌 300 余块，新建 1180 平方米室外科普展馆，为开展科普活动打造了良好的平台。

外部引导标识牌

内部引导标识牌

内部景点解说牌

科普长廊

科普展馆外观

科普展馆内部展厅

景区科普解说牌

(3)建立官方门户网站

建立了宣传展示科普基地整体情况和科普内容的野三坡世界地质公园官方门户网站，内容与科普基地设施建设、科普内容的变化、科普活动的开展情况同步更新；开设了论坛能及时解答公众提出的相关问题；建立了地质遗迹保护数据库和科普信息系统；进一步强化了科普信息传播体系。

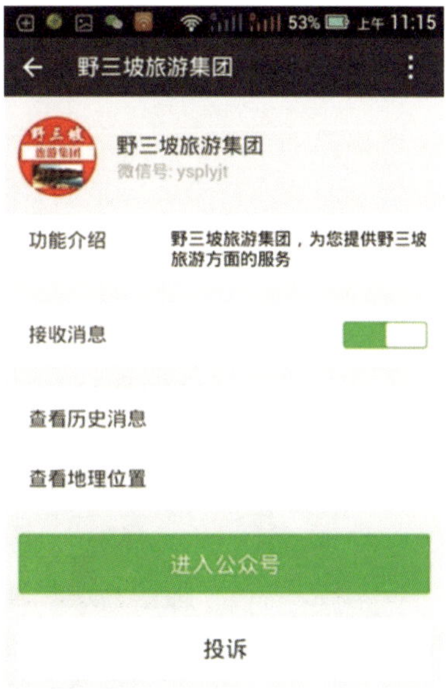

（4）取得突出的科普成果

1）承办了国土资源部作家协会的笔会活动。各位作家在《地球杂志》《地质勘查导报》《国土资源报》分别发表了《地质巨手舞沧桑》《野三坡——华北地质发展历史缩影》等多篇科普作品，提升了野三坡的知名度。

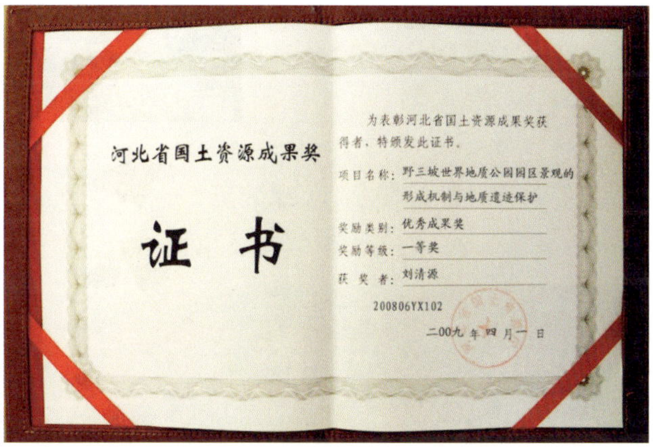

获奖证书

2）组织了多次规模较大的地质科考，对野三坡世界地质公园景观的形成机制、百里峡嶂谷的成因、典型独特的地质遗迹分布有了更明晰的认识。2009 年，为表彰野三坡园区卓有成效的科普及地质遗迹保护工作，《野三坡世界地质公园景观的形成机制与地质遗迹保护》荣获了“河北省国土资源优秀成果奖”一等奖殊荣。

3）撰写了一批有较高学术价值的论文，其中在国家级专业刊物及国际专业会议上发表论文 8 篇，如《野三坡世界地质公园园区景观的形成过程》（陈逵刚）、《北京房山世界地质公园的半干旱岩溶与亚热带岩溶》（聂泽同等）发表在《第二届国际地质公园发展研讨会论文集》，《华北峡谷珍品——河北省野三坡“百里峡构造——冲蚀嶂谷的成因”》（梁定益等）、《河北省涞水县野三坡地质公园：地质遗迹的意义和 4 期节理的导控作用》（宋志敏等）分别发表在《地质通报》的第二期和第四期，《华北中元古界雾迷山组地震驱动的软沉积物变形构造及其地质意义》（张传恒）发表在《中国科学》；设立了野三坡园区地学研究课题——野三坡园区古地震研究。以上研究成果提高了野三坡国土资源科普基地的科学含量，为地质公园的科普教育提供了技术支撑。

已发表的部分成果

（5）鼓励科普创作

编制出版了系列导游资料和科普读物，如《地质公园导游手册》《地质公园导游词》《奇山秀水野三坡》《野三坡国家地质公园光盘》《寻幽探秘野三坡》《中国房山世界地质公园野三坡园区光盘》《野三坡国家地质公园画册》《走进野三坡（DVD歌曲光盘）》；出版了大型画册《野三坡》。每年都面向公众发放10万余份科普资料。对优秀的科普创造，每年都进行表彰，促进了科普创作精品迭出。

同时投资4000万元创作了反映野三坡历史文化、地质文化的大型演出《印象野三坡》，受到广泛好评。科普展馆全年对公众免费开放，每年参观人数不少于60万人次。每年参观科普基地的游客达170万人次。

科普读物

六、发展蓝图

为推动野三坡国土资源科普基地的建设，研究制定了《河北野三坡世界地质公园国土资源科普基地发展规划》，进一步明确了国土资源科普基地发展的指导思想、基本原则、发展目标和工作任务。

1）进一步加强科普基础设施建设，将国土资源科普基地建设与世界地质公园、国家级风景名胜区、国家 AAAAA 级旅游景区、国家生态旅游示范区、全域旅游示范区达标建设工作有机结合，整合资源，进一步提升科普能力和科普水平。

2）进一步加强与高等院校、科研院所的横向联系，对百里峡、龙门天关、鱼谷洞的形成机理进行深入探究，提高国土资源科普基地的科研能力和水平。

3）完善科普场馆建设，计划新建一座集咨询、科普、参观于一体的地质博物馆，增加展陈内容，扩大向公众普及地学知识的范围。

4）完成基地智慧景区建设，实现线上线下相呼应，延伸科普形式。

5）对龙门天关、鱼谷洞、白草畔景区进行升级改造，增强科普性与趣味性。

小贴士

野山坡冲蚀嶂谷的形成

嶂谷是谷坡陡直深度远大于宽度的峡谷，“V”形谷的一种。在玄武岩、石灰岩等垂直节理发育的山区，由于地壳上升，岩石的物理性质有利于河流的下切，抗风化、抗冲蚀能力又强，谷坡不易剥蚀后退，形成比一般峡谷尤为深狭的河谷。百里峡构造－冲蚀嶂谷由3条分裂嶂谷组成，总长达52.5km，发育在紫荆关大断裂东侧的中元古界蓟县系雾迷山组燧石条带白云岩中。中—新生代时期宏大而直立的构造节理，特别是喜马拉雅期南北向追踪张节理，是嶂谷形成的先决条件；更新世阶段地壳迅速的抬升、外力的物理风化作用，特别是晚更新世间歇性山区洪水的冲蚀，是形成嶂谷的直接原因。百里峡构造－冲蚀嶂谷是喀斯特地貌中一种特殊的类型。

武安国家地质公园科普基地

郝海周

一、基地简介

河北武安国家地质公园国土资源科普基地，位于河北省南部的武安市境内，是国土资源部首批国土资源科普基地之一，2010 年 4 月 29 日正式挂牌。

河北武安国家地质公园内丰富多彩的地质遗迹资源，是建立国土资源科普基地的重要条件之一。30 亿年的沧海桑田，形成了太古宇、元古宇、古生界和新生界地层，尤其是 2.01 亿年来的燕山运动、喜马拉雅运动，造就了京娘湖、古武当山、七步沟、武华山的石英砂岩峡谷峰林景观；第四纪以来玄武岩岩浆在柏草坪景区多期溢流，留下了奇特的熔岩流、溢流口、对围岩烘烤等景观；莲花洞景区多姿多彩的岩溶景观和叠层石景观记录了距今 5.41 亿～ 4.9 亿年前的古地理环境。“奇、险、幽、秀”是河北武安国家地质公园自然景观的写照，奇峰深峡保持了景观的自然性，具有极好的观赏价值。地质地貌与丰富的生态资源相结合，形成峡谷峰林、溪泉瀑布、茂林繁花、高山草甸景观，使园区既有北国风光之雄，又具南疆水乡之秀。

京娘湖

二、资源特色

河北武安国家地质公园总面积 292.03 平方千米，在大地构造上属华北地台。这里有拔地腾霄的悬崖赤壁，有鳞次栉比的峡谷峰林，有泼墨写意的山水画卷，有流碧染翠的生态环境，川幽谷险，水绿潭清，群峰耸峙，鸟语花香。园内仅峡谷就有 986 条，孤峰、峰丛数不胜数，叫人流连忘返。

在地质历史上，武安国家地质公园历经燕山运动、喜马拉雅运动、新构造运动等多次地壳抬升和长期风化、剥蚀作用，形成了今天的山势雄伟、崖台梯叠、断崖深谷交错其间的构造地貌景观，自上而下形成层次清晰的残丘状峰林、宽谷峰林、水上峡谷峰林。峰林顶部分别与古近纪古新世夷平面、新近纪中新世太行夷平面和上新世唐县夷平面顶部高程相当，反映喜马拉雅运动一、二、三幕地壳上升过程中的科学价值，它以古、雄、峻、秀的特色成为石英砂岩峰林的独特类型。

■ 峰林

距今 18 亿 ~ 14 亿年的中元古代，河北中南部有一北东走向的赞皇－左权海槽，海底地形陡峻，河流携带大量陆屑沉积在海底，形成厚 1000 多米的石英砂岩；后地壳上升，石英砂岩露出海面。到了距今 2.05 亿年的中生代，由于太行山区受来自太平洋板块向欧亚大陆板块俯冲推压力的影响，发生翻天覆地的造山运动，石英砂岩受区域构造形成相应构造裂隙。白垩纪末到古近纪古新世，地壳相对稳定，外力地质作用以风化剥蚀为主，形成Ⅰ级夷平面，称为北台期夷平面。始新世—渐新世，太行山区断层剖剧烈活动，地壳抬升，造成北台期夷平面裂解，侵蚀基准面下降，形成园区内园缓峰林。古近纪中新世地壳呈稳定升降，形成广泛的Ⅱ级夷平面，称为太行面。上新世末，山区开始抬升，使太行面裂解，侵蚀基准面下降，形成宽谷峰林。从上新世末到早更新世，地壳处于剥蚀堆集环境，形成Ⅲ级夷平面，称为唐出面。进入第四纪，新构造运动呈震荡升降，使唐县面裂解，在景区范围内，侵蚀基准面下降到 600 米左右，形成京娘湖周边水上峰林景观。地壳几次抬升，在景区形成北台夷平面，标高达到 1500 ~ 1700 米，太行面标高达到 1100 ~ 1200 米，唐县面达到 600 ~ 800 米。

园缓峰林

宽谷峰林

水上峡谷峰林

北台、太行、唐县三级夷平面

玄武岩三层喷发溢流景观

地球在亿万年的变化中，在武安国家地质公园内留下了玄武岩三层喷发溢流景观。岩体下部是最早喷发的“气状玄武岩”，玄武岩下有初期喷发的小型火山弹，玄武岩中包裹着中更新世红黄土；中部是“枕状构造玄武岩”，是中期岩浆溢流的产物；最上部则是岩浆溢流后期的产物，由于岩浆溢流地表后温度急剧下降，形成了柱状节理。园内的火山遗迹和玄武岩喷发溢流景观，为专家学者研究新生代构造运动和岩浆活动提供了不可多得的重要证据。

玄武岩流压盖红黄土

第四纪玄武岩与中元古代石英砂岩接触形成的烘烤面

火山溢流口

玄武岩柱状节理

喀斯特溶洞

距今大约2亿年的燕山运动时期，来自太平洋板块的推压力，使太行山逐渐升起，同时产生了东西向、北北东向和北北西向的三组裂隙，在地下水长期溶蚀下，形成较大洞穴，再经喜马拉雅运动，太行山不断抬升，沿裂隙下滴的地下水，水中碳酸钙达到饱和，不断淋漓下滴，碳酸钙成分逐渐析出，形成现今之石笋、石柱、石帘、钟乳石奇观。

石柱

石笋

叠层石

叠层石是前寒武纪未变质的碳酸盐沉积中最常见的一种“准化石”，是原核生物所建造的有机沉积结构。由于蓝细菌等低等微生物的生命活动所引起的周期性矿物沉淀、沉积物的捕获和胶结作用，从而形成了叠层状的生物沉积构造，一般为弧形或锥形。

叠层石

三、成长历程

武安国家地质公园科普基地是2009年中国首批被国土资源部批准成立的科普基地之一，基地依附于武安国家地质公园，由武安国家地质公园管理处实施管理建设，组织开展各项工作。

科普基地授牌仪式

经过几年的建设发展，管理处各类职能齐全，为科普基地开展具体工作奠定了良好的基础。公园内现有技术管理服务人员34名，导游人员68名，其中有地质旅游导游人员30名，每个导游都有正规的导游证，受过正规的导游培训，并不定期地请专家或到外地对导游人员进行地学知识培训。

目前，科普基地已成为河北工程大学水电工程、水利工程、农田水利工程、水文水资源工程等4个专业学生野外的实习地和河北工程大学研究生培养基地。

四、交流协作

（1）培训地学知识

为了使地质博物馆的讲解更加通俗易懂，贴近普通游客，我们在提高讲解水平上狠下功夫，一方面把讲解员送到河南地质调查院参加地学知识培训；另一方面，积极参加中国国家地质公园地质旅游分会举办的导游人员培训班，提高讲解水平。

参加全国地质公园导游培训

（2）建设教学实习基地

河北武安国家地质公园国土资源科普基地自挂牌以来，到园区实习的学生人数逐年增加，目前，已成为河北联合大学轻工学院和河北工程大学实习基地。学生通过典型地质现象观察及地质填图等多项野外地质作业，实现了理论与实践相结合，加深了对地学知识的理解，从而达到认识地球、研究地球、保护地球的教学目的。

成立实践教学基地

学生实习现场

（3）邀请专家考察

2006 年 4 月，中国地质科学院赵逊等 8 位教授对武安国家地质公园进行了为期 3 天的实地考察，专家们一致认为柏草坪玄武岩是第四系火山喷发形成的，对研究近代火山活动具有重要意义。同时专家们还考察了莲花洞的叠层石、古武当断块山及尖山化石产地。经过对井峪莲花洞南山一带叠层石的野外观察和磨片鉴定，确定其是教科书和化石手册上没有的，属河北省首见，是值得进一步研究的科研课题。

中国科学院院士翟裕生莅临指导工作

（4）举办夏令营活动

2005 年以来，地质公园已成功举办了多次夏令营活动。在活动中组织了相关的趣味问答，让学生在娱乐中了解了化石、泥裂、波痕、断层及构造的相关知识；让中小学生更好地认识和了解了武安国家地质公园，增强了保护环境、保护地球的意识，真正做到了“寓教于乐”。

小学生夏令营

（5）开展科学教育

每年的“世界地球日”和“科技活动周”，科普基地都会举办“科普教育活动”。活动期间，博物馆有免费专业的讲解员进行讲解。同时制作相关的展板到公共场所进行展示宣传，让大家以最方便的途径了解地学知识。

“世界地球日”科普活动现场

五、阶段成果

武安国家地质公园国土资源科普基地在各级领导的关心和支持下，建设工作取得了长足的发展，先后建成了地质博物馆、地质广场、地质文化长廊、柏草坪玄武岩地质遗迹保护工程和马武寨地学科普实习基地工程；出版了《河北武安国家地质公园科学导游指南》，规划了武安国家地质公园科学导游路线，为地学科普的进一步开展奠定了基础。

中国地质博物馆馆长贾跃明莅临指导工作

地质广场

（1）基础设施建设

武安市政府投资3亿多元修建了园区旅游环路62千米，缓解了景区交通压力，使大量的地质遗迹资源和地质景观更方便地呈现在游客面前，缩短了人与地质遗迹之间的距离，增加了人们了解大自然、认识大自然的机会。

地质文化长廊

旅游环线中的隧道

科普解说牌

旅游环路

柏草坪玄武岩地质遗迹保护

（2）地质科普展馆建设

为使广大游客更全面、直观地了解武安国家地质公园的概况、地质历史及相关的地学知识，在地质公园核心景区——京娘湖畔建设了地质博物馆。博物馆共分为5个展厅（走进武安厅、人类家园厅、远古海洋厅、山色湖光厅、玉蕴金藏厅），布展面积1000平方米。整个展馆以地学科普为目的，依托武安国家地质公园厚重的地质历史和丰富的地质遗迹资源，通过展板、标本、地质场景、多媒体、互动游戏等多种方式，向游客系统介绍了武安国家地质公园7次海陆变迁的地质历史及相应的地学科普知识，展示了园区内奇特的峰林和岩溶地貌等景观，是地学科普的重要场所。

地质博物馆入口

馆内“火山爆发”场景

馆内煤形成场景

(3)地质科普工程规划

正在施工的马武寨地学科普基地项目以寒武系剖面为依托，融合了不整合面、断层、泉眼等6大类7个亚类等地质现象，是大中专院校学生实习和普通游客了解地学知识的重要平台。河北武安国家地质公园科普基地是华北理工大学轻工学院的教学实习基地，也是河北工程大学学生实习的主要场所。

正在施工的马武寨地学科普工程规划图

(4)科普成果转化

在加强科普基地硬件建设的同时，地质公园管理处还加强了软件建设力度。在中国国家地质公园地质旅游分会和河南省地质调查院的大力帮助下，先后出版了《武安国家地质公园科学导游指南》《河北武安国家地质公园导游手册》；在《地质旅游》杂志出版了武安国家地质公园专刊；拍摄了地质公园地学科普宣传片；为加强宣传效果，还专门印刷了地学科普台历；在各景区宣传折页中增加地学科普的内容。

科普图书和期刊

科普资料

六、未来蓝图

随着河北武安国家地质公园国土资源科普基地各项建设完成，科普基地将是地学科普的天堂。游客身处其中将会感到浓浓的地学氛围，大中专院校学生到基地实习将会感受到优质的服务。地质博物馆和园区内重要地质遗迹有机结合，为游客提供全方位、立体的、感性与理性相结合的地学知识平台。

首先，通过地质博物馆扎实细腻、通俗易懂的讲解，结合博物馆的地学场景、标本及影像，让游客体会到武安国家地质公园的博大与厚重、地学知识的丰富与趣味；同时，定期开展的中小学地学夏令营将让青少年感受到地学现象的奇妙，对地质学产生浓厚的兴趣，逐步培养学生热爱大自然、保护地球的意识。

其次，科学导游路线上的各项配置将逐步完善，使得科学导游路线上的讲解系统更加充实；重要地质遗迹点的解说牌、警示牌和地质遗迹保护工程将使广大游客更加真实地感受大自然的力量。为大中专院校学生实习提供更加周到的服务，每年到基地实习的学生将会逐年增加；同时充分利用科研机构和大中专院校的科研力量，加强对武安国家地质公园的研究，提升公园的研究水平，更好地为地学科普工作服务。

武安国家地质公园国土资源科普基地，是武安旅游的又一张名片，它不仅增加了武安旅游的内涵，也为地方经济发展注入了新的力量。

夷平面

夷平面是指各种夷平作用形成的陆地平面，包括准平原、山麓平原、风化剥蚀平原和高寒夷平作用形成的平原等。夷平作用是外营力作用于起伏的地表，使其削高填洼逐渐变为平面的作用。

从构造的角度理解：地壳稳定，地面经长期剥蚀－堆积夷平作用，形成准平原；之后地壳抬升，准平原受切割破坏，残留在山顶或山坡上的准平原，称为夷平面，或称山顶面。

剥蚀面与夷平面不同，是指较小范围的、由侵蚀－剥蚀作用形成的规模较小、局部基岩裸露的近似平整的地面，如流水剥蚀面、波浪剥蚀面、风化剥蚀面、溶蚀作用形成的剥蚀面等。有人只把准平原受后期构造抬升，再被侵蚀切割成不同高度的近似平齐的峰顶面称为夷平面，其实这只是夷平面中的一种。山地层状地貌中属于不同地层时期的地面，有的可能还处于壮年期，不能认为都是夷平面。

如果山地曾发生多次间歇性上升，将会形成若干个分布在不同高度的夷平面，这种多层地形是判断区域间歇性升降运动的重要标志。

研究山地地貌时，正确地鉴别夷平面至关重要。一般来讲，夷平面有以下几项鉴别标志：

1）山顶面一般比较平整，并处于大致相等的海拔上，切割不同的构造形态。

2）在夷平面上，可能还遗留着古侵蚀沟谷（肋沟）的残迹，其形态和后期有明显的差异，前者切割较浅，而后者侵蚀较深。

3）夷平面的低凹处可能还残留着零散的沉积物，或风化很深的风化壳，这种沉积物与下伏地层成角度不整合接触。

开滦国家矿山公园科普基地

■ 李　鲲

一、基地简介

河北开滦国家矿山公园科普基地，坐落在有着130多年开采历史、被誉为“中国第一佳矿”的开滦唐山矿，是一座以近代工业为主题，集工业遗迹保护、煤炭文化科普、近代工业文明展示于一体的大型文化产业园区，一座汇聚红色经典、凝聚黑色魅力的中国近代工业博物馆群落，由矿业文化博览区、“国保”遗址观光区、时尚文化休闲区三大板块组成。

开滦煤矿始建于1878年，是当年“洋务运动”中兴办的最为成功的企业，它在中国百年工业编年史上具有里程碑意义，堪称“中国近代工业的活化石”。在跨越3个世纪的历史嬗变中，开滦不仅积淀了厚重的历史文化，也留下了许多极具典型性、稀有性的矿业遗迹和历史文物。作为一个首开中国近代路矿之源的民族企业，在北京中华世纪坛的青铜甬道上镌刻下3个辉煌印迹：“1881年开平煤矿建成出煤”“唐胥铁路建成通车”“中国制造火箭号蒸汽机车”。

由于开滦煤矿的开发，唐山因煤兴市、秦皇岛因煤建港，一座煤矿托举起了两座城市。她首开中国最早的机器采矿业、铁路运输业和电力工业，引进了西方先进的工业文明和生产技术；催生了北方工业城市的兴起；从某种意义上讲，这里就是中国早期工业化的起点，是中国近代工业文明的摇篮，是中华民族从农耕文明走向工业文明的第一个可称道的足迹。可以说，百年开滦积淀形成的内容丰富的历史文化，无处可替代，无地可比拟。

开滦，历经世纪沧桑，几乎见证和涵盖了中国早期工业发展史、民族屈辱与抗争史、工运与建党史、新中国建设发展史、工人阶级艰苦创业史、改革与转型发展历程等全部的内容，称得上是一座浓缩工业文明的记忆殿堂、一个讲述中国近现代工业发展历史的大课堂、一部爱国主义教育的综合性读本，为建设发展开滦国家矿山公园积淀了厚重的文化底蕴。

开滦国家矿山公园的科普性主要有以下八大看点：煤炭的生成与由来；古代采煤史拾萃；开滦煤田地质构造及富存；煤炭开采流程及煤炭开采史；电的使用、电学知识与电力发展史；蒸汽机车史和中国铁路运输史；井下探秘游；采煤塌陷知识。

二、资源特色

1. 开滦博物馆

开滦博物馆主馆气势恢宏。馆内“黑色长河”大型主题展陈，以翔实的史料、丰富的展品、新颖的展陈形式，阐述了煤的生成、由来和悠久的古代采煤史，记载了开滦首开中国路矿之源的历史遗踪，重现了唐山因煤而兴的城市文化记忆。馆内展出的中国迄今存世最早的股票——“开平矿务局老股票”、尘封百年的“羊皮蒙面大账本”、中国第一条准轨铁路上的铁轨、“开平矿业权骗占案”跨国诉讼《笔录》等镇馆之宝，以及48件一级文物、72件二级文物、326件三级文物、上万件馆藏珍品，引领人们细细品读百年开滦灿烂浓郁的矿业文化的独特魅力。

开滦博物馆大厅

幻影成像古代采煤方式情景剧：“天工开物”

大型多媒体景观：森林与海洋的曼舞

煤炭知识展厅

电力知识展厅

大型机械传感模型

采掘场景再现

科普互动

井下“4D”电影

2. 井下探秘游

“井下探秘游”是一处集体验、展示、休闲功能于一体的地下探秘游览区，由位于博物馆地下数十米的煤矿井下老巷道改造而成，曲折蜿蜒，引人入胜。其与博物馆连通一体的设计巧夺天工，由博物馆四层乘模拟罐笼直达探秘入口，穿过梦幻般的百米“时空画廊”，进入纵横交错的巷道遗址，使游人宛如走进一座地下迷宫。这里，真实地再现了从原始挖煤到现代化采煤的9个真实工作面，穿行其中，仿佛徜徉在煤炭开采“教科书”中。寻幽前行，旧时的马厩、骡马运输、特殊年代的人防工程、色彩斑斓的地质世界，带给你无限的好奇和遐想。恍惚间，一处清幽温馨的地下咖啡厅可供小憩，抑或在目前国内最大的井下“4D”影厅，迈入险象环生的《石炭二叠纪》，感受大自然的神奇造化，亦可乘车游览探秘，穿越于深邃幽暗的地下空间，品鉴矿业文化的独特魅力。

时空画廊

巷道遗址

井下矿工小火车

3. 三大矿业遗迹

“国保”遗址观光区内，大量矿业遗址遗存散布其中，诉说着跨越3个世纪企业的风雨沧桑。其中，由“中国第一佳矿（唐山矿一号井）”“中国第一条准轨铁路（唐胥铁路）肇始之处”“中国最早铁路公路立交桥涵（达道）”三大矿业遗迹被列入第七批“全国重点文物保护单位”，由这些遗迹组成的“开滦唐山矿早期工业遗存”或巍然屹立，或错落有致地分布在唐胥铁路起点沿线，静静地供游人追忆中国工业崛起之初那艰辛坎坷又波澜壮阔的岁月。

“中国第一佳矿（唐山矿一号井）”

“中国第一条准轨铁路（唐胥铁路）肇始之处”

“中国最早铁路公路立交桥涵（达道）”

4. 中国路矿之源

观光区内“中国第一佳矿1878”“蒸汽时代1881”“电力纪元1906”三座分展馆展示着于20世纪初从国外引进至今仍在运转的多台大型绞车，百年前从英国购进的大型火力发电机组等一级文物、珍稀馆藏、老照片，向游人娓娓讲述中国路矿之源的曲折发展历程，是一处绝好的煤炭科普研学基地。

“中国第一佳矿1878”分展馆

“蒸汽时代1881”分展馆

“中国第一佳矿 1878”分展馆主要展陈内容为井下生产流程模拟，采用大型数字化机械传动模型，全面展示煤矿井下采煤、掘进、开拓、运输、洗煤等多个生产流程和事故易发点，让观众直观、全面地了解煤矿井下生产流程的各个工艺环节、安全要点，以及事故处理、救灾防灾减灾等知识。

“电力纪元1906”分展馆

三、成长历程

2006 年 6 月 10 日，国土资源部地质环境司司长姜建军对开滦国家矿山公园进行实地调研，要求从大手笔、大战略上考虑，将其建成国家矿山公园的典范。

2007 年 10 月 12 日，开滦国家矿山公园开工奠基。

2008 年 10 月 22 日，开滦国家矿山公园预展剪彩。

2009 年 9 月 23 日，开滦国家矿山公园揭碑开园。

2009 年 9 月 21 日，“井下探秘游”贯通。

时任国土资源部地质环境司司长姜建军
在开滦国家矿山公园调研

开滦国家矿山公园开工奠基

开滦博物馆开工建设

“开滦知名人士文物捐献仪式”现场

开滦国家矿山公园预展剪彩

开滦国家矿山公园揭碑开园

“井下探秘游”贯通

四、交流协作

2012 年 8 月 3 日，开滦国家矿山公园管理中心与清华大学美术学院展陈艺术研究所在北京举行的“河北省文化产业与首都院所校对接恳谈活动暨项目签约仪式”上正式签署《初步合作意向书》，双方致力于通过强强联合，加强矿业类博物馆展陈设计领域的创新性研究。

2013 年 9 月 25 日，开滦博物馆举行“授予中国铁路史研究专家、原香港飞机工程公司经理、英国人皮特·柯睿思先生荣誉馆员暨《关内外铁路》首发仪式”。皮特先生向开滦博物馆捐赠了 100 多年

签约仪式

皮特先生向开滦博物馆赠送藏品

唐绍明、梁赞勋先生一行参观博物馆并在先辈照片前留影

张雨良副书记发表主题演讲

前出版的反映中国铁路历史和开平矿务局历史的《中国的铁路》等 3 本珍品书籍、1901 年发行的明信片及皮特先生特意在英国定制铸造的“龙号机车”铭牌。皮特先生授权开滦集团永久无偿使用其所搜集提供的有关开滦早期历史的老照片。

2014 年 5 月 22 日至 23 日，应开滦博物馆邀请，唐绍明、梁赞勋等留美幼童后裔及其家属一行 12 人走进开滦国家矿山公园，探寻百年前先辈足迹，凭吊中国近代工业文明，追寻先辈求学报国的中国梦想。

2014 年 10 月 20 日至 23 日，第十六届中国国际矿业大会在天津梅江会展中心成功举办。本届大会共有来自 53 个国家和地区的逾 8000 余名政府官员、矿业界人士、专家学者参加，大会共推出了主题论坛、国外矿业部长论坛、企业发展高层论坛 3 个主旨论坛及 22 场分论坛和 10 场国家（地区）项目推介会，以“创新驱动，持续发展”为主题，进行了广泛深入的交流。开滦集团公司党委副书记张雨良向大会发表了主题演讲。

2015 年 6 月 11 日，与唐山印政文化艺术有限公司联合举办“冀东抗日烽火——纪念中国人民抗日战争暨世界反法西斯战争胜利 70 周年大型展览”取得成功，本次展览共借展文物 194 件（套）。

2015 年 10 月 12 日，开滦博物馆“小小讲解员训练营”正式纳入市团委“红领巾小讲堂”，并荣获唐山市首批“‘红领巾小讲堂’宣讲教育基地”。开滦博物馆与西山路小学、路南区南福庄小学等多所学校签订“‘红领巾小讲师’定向培养协议”。

冀东抗日烽火大型展览

采访“红领巾小讲师”

五、阶段成果

2009年5月，开滦国家矿山公园荣获“全国国土资源科普基地”。

2009年8月，开滦博物馆荣获“河北省爱国主义教育基地”。

2009年10月，开滦博物馆基本陈列《黑色长河》荣获“全国博物馆十大精品陈列最佳综合效益奖”。

2009年12月，开滦国家矿山公园荣获“中国环境艺术奖”。

2010年12月20日，开滦国家矿山公园获评“国家AAAA级旅游景区”。

2011年6月，开滦国家矿山公园荣获“全国红色旅游经典景区”。

2013年5月，“开滦唐山矿早期工业遗存”晋级第七批全国重点文物保护单位。

2013年11月，开滦国家矿山公园被国务院列为首个“全国资源型城市重点旅游区”。

2015年8月31日，开滦国家矿山公园荣获“全国抗战主题红色旅游精品线路”。

2015年，以“探寻路矿之源，追忆近代工业沧桑”为主题的“蒸汽机车观光园”项目一期开工建设；以打造我市党员永久纪念地为目标的“红色记忆园”完成前期策划。

目前，开滦国家矿山公园拥有一支由21名在册讲解员组成的专业讲解员队伍，圆满完成了为19位党和国家领导人、500余位省部级领导及40余万名中外来宾的讲解服务工作。

“河北省爱国主义教育基地”展厅

“黑色长河”展厅

博物馆广场

“全国国土资源科普基地”科普活动现场

开滦国家矿山公园

“开滦唐山矿早期工业遗存”展览

开滦国家矿山公园被国务院列为首个“全国资源型城市重点旅游区”

“全国抗战主题红色旅游精品线路”——重温入党誓词

六、未来蓝图

开滦国家矿山公园科普基地把握中央和河北省支持文化产业发展的政策导向，立足比较优势和产业高端，充分发挥百年开滦文化资源优势，坚持高起点规划设计，完善文化产业发展规划，引领文化产业加快发展，提出打造“中国矿业文化产业基地、世界一流矿业文化园区”的总体目标。从 2015 年开始，力争用 10 年左右的时间，继续深度挖掘和充分发挥优质文化资源，努力将资源优势转化为产业优势、竞争优势，搭建起具有更大规模、更高层次、更有影响、更具竞争力的工业旅游平台，打造“吃、住、行、游、娱、购”一体化的中国北方工业游绝佳去处。努力实现 3 个方面的目标体系：一是建成完善的文化旅游产业体系，包括开滦特有的文化符号、品牌形象及高端产业运营体系；二是文化旅游产业核心项目全面运营，并通过内外联合，不断延伸文化旅游产业链；三是培育多个具有盈利能力的文化旅游项目，形成涵盖文化旅游、影视制作、广告会展、文娱演艺、网络传媒、出版印刷、酒店服务、休闲健身、旅游产品研发、旅游地产开发等相互依存的复合型业态。

按照上述确定的发展目标实施“分步走”战略。第一阶段为“开创建设期”（2015 ～ 2017 年）：完成矿山公园一期工程后续项目建设，延伸文化产业链条，形成一定的规模和档次，引领中国近代工业旅游潮流，成为工业文化旅游示范园区，形成独特的文化产业品牌；第二阶段为“丰富完善期”（2018 ～ 2021 年）：初步形成矿业文化旅游产业集群，提升内涵，在实现“吃、住、行、游、娱、购”全要素一体化的前提下，不断提档升级；在外延上融入环京津冀晋、环渤海工业文化旅游网络，跨地域旅游线路基本定型，文化产业衍生品有较大发展；第三阶段为“提升发展期”(2022 — 2025 年)：矿业文化旅游产业复合型业态日臻完善，文化休闲旅游、商业开发持续发展，成为开滦集团新的经济增长极，成为拉动唐山市乃至河北省工业文化旅游的引擎。

小贴士

近代“中国第一佳矿”——唐山矿

第二次鸦片战争后，清政府内外交困。统治集团内部一些较为开明的官员主张利用西方先进生产技术，强兵富国，摆脱困境，于是出现了“洋务运动”。“洋务运动”是海洋文明登陆中国的一个重大事件。开滦煤矿和秦皇岛港就是在这样的背景下应运而生的。

始建于1878年的开滦，是当年“洋务运动”中兴办的最为成功的企业，它在中国百年工业编年史上具有里程碑意义，堪称“中国近代工业的活化石”。由于开平、唐山一带，煤田丰富，质量极好，洋务派重要代表人物、直隶总督李鸿章认识到这是开拓利源的一个好条件。“采炼得法，销路必畅，利源自开”。于是决定采用西方技术采煤。1878年7月，中国近代矿业先驱唐廷枢（1832～1892年），受李鸿章之命，建开平矿务局，首开唐山矿。1906年12月，时任直隶总督的袁世凯又创办了滦州矿务局。1912年1月，两公司经过谈判，签订了《联合办理合同草案》；7月，在天津成立开滦矿务局，开平、滦州两公司正式联合经营，至此始有“开滦”之称。

筹办之初，李鸿章原打算官办，由于清政府财政困难，拿不出那么多资金，就改为官督商办。1878年9月，唐廷枢等议定设局章程，头脑灵活的他拟集资80万两白银，分作8000股，向社会发行开平矿务局的股票。先开一座煤井，待生意兴隆再添置机器或另开新井，这也是中国的第一只股票。10月，李鸿章批准了设局招商章程，允许筹办。开平矿务局建立后，唐廷枢一方面在天津、上海、香港等地广招商股，一方面带领从英国聘来的几名矿师和从广东招募的工匠奔赴开平一带选址打钻探煤。

几个月间，高耸入云的井架，高大的厂房、绞车房、工棚、供洋人居住的洋房及办公用房等建筑都在原本荒芜的乔家屯一带拔地而起。唐廷枢欣然为这座大陆近代第一矿起了个响亮的名字——唐山矿。

唐山矿一号井开凿不久，钻至91.4米时，已见到6煤层。而钻到100多米时，预计可以得到的煤足够60年的开采。在当时，天津颇具影响力的杂志《益闻录》曾这样记载唐山矿一号井的情况：“按此井之坚牢，出煤之多，速而省工，诚中国第一佳矿也。”唐山矿的出现和崛起，改写了中国沿袭了上千年的手工采煤历史，拉开了中国向工业化迈进的序幕。唐山矿是中国近代最早使用机器开采的大型煤矿。它第一次完整地形成了凿井、开拓、掘进、回采工艺和系统，在提升、排水、通风等环节上引进了用蒸汽作为动力的机械设备。唐山矿建矿，为中国近代采煤业起了领先示范作用，在中国采煤史上具有划时代意义。

唐山矿的划时代意义，不仅在于它是中国最早的一座西法开采的大型煤矿，而且它对中国工业化的催生是多元的。为了把煤炭运往最近的北塘海口装船运出，解决煤炭运销的问题，1881年6月9日动工修建了胥各庄至唐山之间全长9.67千米的一段铁路——“中国第一条准轨铁路”。被后人称为“中国铁路建筑史的正式开端”。当年11月28日，开平矿务局在英籍工程师金达设计和指导下，在所属的胥各庄修车厂制造了“中国第一台蒸汽机车”。这台车设计规范、制作精良，甚至可以与同时代的外国机车相媲美。造车的中国工人在机车两侧各焊一条腾飞的龙标，命名为“龙号机车”，象征中国巨龙的腾飞。

作为中国早期工业化的摇篮，开滦的创办，寄托着当时代表先进文明的人们求强求富的梦想。“仿西技、用其人”，本质上是要冲破中国封建板结的大地，与当时席卷世界的工业革命比肩看齐。建煤矿、铺铁路、造机车，今天来看何等普通，在当时却无一不是气魄恢宏的创举。开滦“官督商办”的办矿模式，可谓中国最早的股份制雏形。它运用市场法则从社会上募集股本，为自己积累办矿资金；它最早发展海上运输，在南方地区给自己“创造了市场”；不仅经营煤炭而且兼营资本，跨地区、跨行业对一些企业投股参股、联营兼并，开辟多种产业；逐步完善了一套科学管理制度和营销网络。这些经营理念和管理制度，对以后开滦乃至整个煤炭工业都曾产生过长久影响。开滦煤矿，尤其是最早创办的唐山矿，其历史文化的典型性、稀有性和内容丰富的矿业遗迹，积累百多年的采矿历史文化资源，无地可替代，无处可比拟。

泥河湾国家级自然保护区科普基地

■ 刘佳庆

一、基地简介

河北省泥河湾国家级自然保护区，是集地质遗迹资源、地质环境保护、科学研究、实践教学、科普宣传等于一体的自然遗迹类保护区。它位于冀西北张家口市阳原县（含蔚县一部分）境内，地处桑干河与壶流河交汇处，保护区面积1015公顷。保护区境外东西有大秦铁路、宣大高速公路横穿，南北有109国家干线公路交叉，形成了四通八达的公路网络，可直达北京、张家口、大同、秦皇岛、石家庄等大中城市。

区内主要有晚新生代典型地层剖面，以及晚新生代地层中的哺乳动物化石及其主要发掘遗址、人类文化遗迹和古人类活动遗址、软体和微体动物化石、湖相叠层石及发育在泥河湾地层中的特殊地貌景观。早在20世纪20年代，外国传教士就在阳原县泥河湾村附近进行野外考察，收集和挖掘出大量古生物化石，并以“泥河湾”命名动物群和地层。

泥河湾地层沉积厚度大、层序齐全，天然剖面典型而壮观、出露完整，地貌景观独特而神奇，其蕴藏的二三百万年以来地球演化、气候变化、古生物演化、人类进化历史等异常丰富的科学信息；各时代的动植物化石丰富而多样，特别是远古哺乳动物群化石分布集中、数量大、种类多、代表齐全，堪称远古哺乳动物的乐园；不同时代的旧石器众多而珍贵，古人类文化活动遗址丰富多彩、惊世诱人，极有可能是远古人类的东方故乡。

经过我国一代代科学工作者在泥河湾盆地开展大量深入考察和研究，取得了前所未有的丰硕成果，相继发现了许多化石地点和众多的旧石器文化遗址，其地质年代从几万年到一二百万年甚至更久远，连续性非常好，可谓世所罕见、极为珍贵。特别是距今136万年的小长梁遗址，作为中华文明起源的见证，于2000年被镌刻在北京中华世纪坛青铜甬道第一阶上。

二、资源特色

1. 地层剖面

泥河湾沉积层是国内外罕见的晚新生代湖河相沉积地层。自1948年第十八届国际地质大会与欧洲维拉弗朗组相对比以来，一直被作为中国北方与维拉弗朗组及其动物群相当的标准地层。经过中外学者80多年的研究，进一步确认“泥河湾层”为更新世的标准地层。“泥河湾层”沉积厚度大，地层层序完整，出露广泛；代表各时代哺乳动物群的化石齐全；不同时代的人类文化和人类活动遗址丰富多彩，在中国乃至世界第四纪湖河相沉积地层中具有典型性。

■ 东窑子头大南沟地层剖面

它是国内外罕见的晚新生代湖河相沉积地层，沉积厚度大，地层层序完整，在泥河湾保护区内分布广泛，它们出露于桑干河、壶流河两侧，沉积厚度最高可达 120 米，蔚为壮观。东窑子头保护分区大南沟剖面，底部约 260 万年，是东窑子头动物群化石的重要产地。

东窑子头大南沟地层剖面

■ 下沙沟剖面

下沙沟剖面位于阳原县石匣里乡下沙沟村大沙沟，厚度 60 米。该剖面主体是泥河湾层，约 56.3 米，是狭义泥河湾动物群的主要产地，是 19 世纪 20 年代初巴尔博、桑志华等考察泥河湾的最初地点。

下河沟剖面

■ 台儿沟剖面

台儿沟剖面是全国地层委员会委托中国地质科学院在泥河湾盆地进行建阶研究的重点剖面。2000年开始，中国地质科学院水文地质环境地质研究所张宗祜、中国地质科学院地质研究所闵隆瑞等对其进行地层学研究。剖面总厚151.45米，顶部覆盖8.25米厚黄土，以下至深122.30米达到M/G界线，为河湖相沉积，属泥河湾层。泥河湾层顶部年龄距今约10万年，底部年龄距今260万年；B/M界线位于深33.55米处，年龄距今78万年。

台儿沟剖面

中科院、中国工程院院士张宗祜（左一）与闽隆瑞（右一）研究员在郝家台指导台儿沟标准地层剖面建阶工作

保护区领导与张宗祜院士、闵隆瑞研究员在台儿沟钻井现场

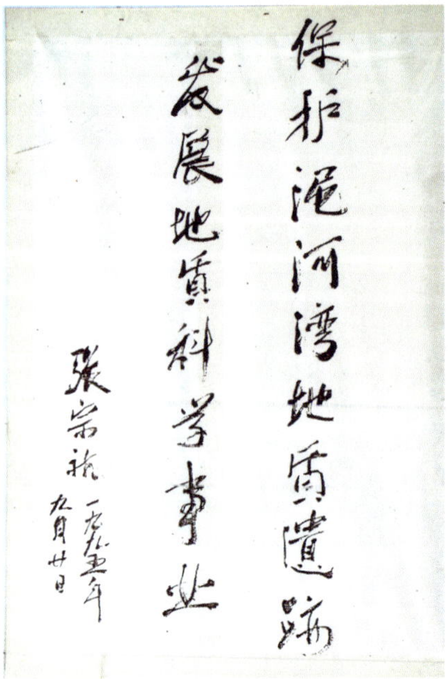

张宗祐院士题词

2. 古生物化石

泥河湾地下蕴藏着属种丰富的远古动植物化石和不同时代的哺乳动物群。在已经过去的 90 多年的地质古生物调查中，在泥河湾盆地中发现的哺乳动物化石地点已然过百，出土动物化石几万件，已正式报道的种类有 130 余属种。其中近 30 个属种最初是以泥河湾化石命名的，既有被称之为“泥河湾动物群”的桑氏狗、纳玛象、布氏大角鹿、野牛、中国长鼻三趾马等第四纪初期的属种，也有大量新物种，如三门马、华丽水鹿、中国羚羊等，并且从 200 万年前至 3000 年前的生物种类齐全、无断代。

■ 马圈沟遗址

马圈沟遗址是泥河湾盆地最为重要的旧石器时代早期文化遗址之一，1992 年，河北省文物研究所在泥河湾盆地进行旧石器考古调查时发现该遗址，随后开展了系统地考古发掘和研究。马圈沟遗址自发现之日起，就被认为是泥河湾盆地内最为古老的古人类文化遗存，它的发现与研究，将泥河湾乃至东北亚地区古人类活动的历史推前到 175 万年之前。2000 年，河北省文物研究所研究人员基本认定了在该遗址文化层之下，还存在两个包含文化遗物的层位。2001 年夏，河北省文物研究所在配合东谷坨遗址发掘的同时，在马圈沟遗址切制了地层剖面，试掘了第二文化层，获得一批石制品和动物遗骨。同年 9~10 月，又对第三文化层进行了科学发掘，发现了大批石制品和动物遗骨，揭露出一组罕见的原始人类进餐遗迹。

马圈沟遗址发现“人食大象”场景

■ 猛犸象头骨化石

2014 年，河北省泥河湾国家级自然保护区管理处（以下简称保护区管理处）与中科院古脊椎动物与古人类研究所董为课题组合作，在钱家沙洼象头山地点发掘出土一颗几乎完整的早更新世猛犸象头骨化石，是泥河湾盆地迄今以来出土的第一颗猛犸象类头骨，对于厘清盆地内各地点真象类化石的属种关系，研究猛犸象的起源、发展和扩散具有重要意义。

泥河湾猛犸象头化石发掘现场

3. 古人类遗址

泥河湾盆地是中国北方乃至东亚地区早更新世旧石器文化遗存分布最集中的地区，人类活动遗迹可以追溯到 200 万年前，是中华文明的最早起点之一，也极有可能是东方人类的故乡和发源地。

历经半个世纪发掘，目前在泥河湾盆地内发现自旧石器时代早期至晚期各个阶段的遗址 100 余处，其中百万年前的遗址有 38 处，范围遍及盆地自东向西 82 千米的各个区域，时代自距今 175 万年的早更新世早期至距今 1 万年左右的晚更新世末期。

外国学者在黑土沟查看古生物化石碎片

位于泥河湾保护区郝家台分区内的马圈沟和黑土沟遗址将泥河湾的古人类遗址时代推至大约200万年前；同样位于郝家台分区的小长梁遗址，经科学测定距今136万年，打破了国外关于中国没有百万年前古人类遗址的论断，被作为古人类活动最北端的见证和中华大地古人类早期发祥地之一，镌刻在中华世纪坛青铜甬道的第一阶上；许家窑—侯家窑遗址出土了10万年前人类牙齿和骨化石；于家沟遗址出土了1万年前的陶片，为研究“旧石器时代”向“新石器时代”的过渡提供了重要线索，被评为“1998年度全国十大考古新发现”。

(1)黑土沟遗址

黑土沟遗址分布在河北省阳原县官厅村西北面的黑土沟东侧西马梁，位于东谷坨村西南2.02千米处，地理坐标为北纬40° 13′ 02″，东经114° 39′ 29″。

黑土沟遗址是泥河湾盆地目前发现的时代较古老的一处早更新世旧石器时代考古遗址。2006年，在黑土沟遗址的考古地质勘探中，查明探坑文化层厚1.33米，由4个自然层组成，出土遗物20585件，包括石制品20489件，哺乳动物骨牙碎片96件。器物中出现旧石器晚期常见的圆盘状刮削器。石制品保存新鲜，发现拼合标本3组；绝大部分属于微型和小型标本。砸击制品在地层中的密度较大，而且含有似棱柱状石核和似石叶薄长石片。

(2)小长梁遗址

小长梁遗址分布在河北省阳原县官厅村西北侧小长梁，位于东谷坨村西北84° 1.665千米处，地理坐标为北纬40° 13′ 10″，东经114° 39′ 44″，海拔916.52米。

小长梁遗址的发现是泥河湾盆地“旧石器时代”考古的一次重大突破，实现了半个世纪人们期待的梦想；首先证实了泥河湾盆地存在更新世初期人类的活动，使泥河湾盆地的科学研究出现了具有划时代意义的转折。遗址从发现开始，就受到国内外科学界的密切关注。

小长梁遗址1990年出土的石制品

(3)许家窑—侯家窑遗址

许家窑遗址分布在泥河湾盆地北部、河北省阳原县侯家窑村西侧长形沟和山西省阳高县许家窑村北侧两叉沟，均位于桑干河支流梨益沟右岸，地理坐标分别为北纬40° 06′ 04″、东经113° 58′ 41″和北纬40° 06′ 53″、东经113° 57′ 31″，海拔分别约970米和980米。1999年，国务院公布许家窑—侯家窑遗址为“第四批全国重点文物保护单位”。

许家窑 — 侯家窑遗址是目前我国旧石器中期古人类化石和文化遗物最丰富、规模又大的遗址。这一带所发现的古人类化石主要有顶骨 11 块、枕骨 2 块、附有 4 颗牙齿的左上颌骨 1 块、右侧下颌枝 1 块、牙齿 2 枚。这些化石材料分属 10 多个男女老幼不同的个体，其年龄既有幼儿，又有年过半百的老人，平均寿命在 30 岁左右。许家窑人的石制品至今所发现的有 3 万多件，其类型虽然和北京猿人的石器属同一传统，但在技术上却大有进步。 这一带遗址中发现的石球有 1500 多件，最大的重 1284 克，最小的只有 112 克。

许家窑遗址出土打猎用的石球

许家窑—侯家窑遗址出土石制品

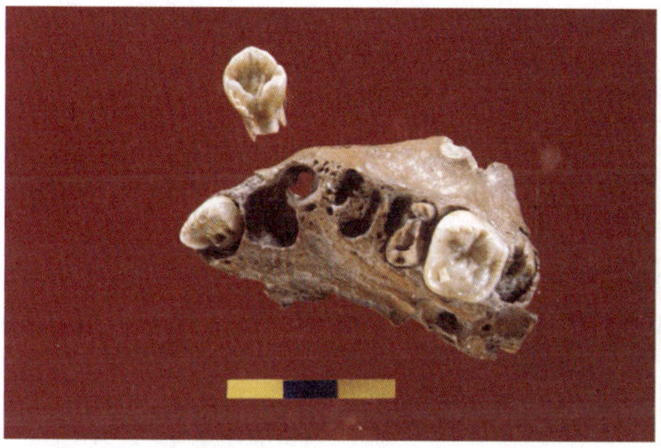
“许家窑人”幼儿上颌

“许家窑人”的枕骨

4. 微体软体动物化石及湖相叠层石

泥河湾湖相地层的下限是第四系的起始点，其上堆积着更新世各个阶段的地层，在盆地的各个部位可以将更新世地层近于完整地衔接起来。这些地层保存着丰富的软体动物化石、脊椎动物化石、微体植物化石、湖相叠层石等，指示着古人类生存的气候和资源条件。层层叠叠的沙质沉积物本身的成分、颜色、粒度、韵律和磁性变化也是重要的环境信息载体。这对复原古人类生存的环境背景，提取气候变化的高分辨率信号，揭示华北古环境特点和演变规律，十分重要。

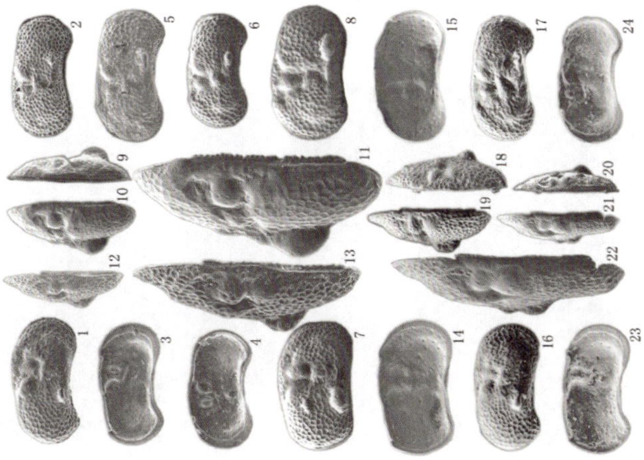
泥河湾地区介形虫化石

疑似含珍珠蚌壳化石

虎头梁地区分布的叠层石

5. 特殊地貌景观

发育在泥河湾层的侵蚀沟（冲沟）地貌景观

泥河湾是一块神奇的土地，早在200多万年前，这里是一个大湖，水域几乎占据今阳原县全部，蔚县大部和山西省雁北地区一部分，面积9000多平方千米，四面环山，烟波浩渺，湖水清澈，鱼蚌不惊；湖岸上是辽阔的草原和高耸的山峰，百花争艳，丛林深邃，百兽嬉戏，充满生机。古人类就在这里诞生了。随着地壳运动，大湖数万年前完全干涸，露出了宽广开阔的平原；由于桑干河和壶流河的侵蚀，古湖平原遭受强烈破坏，变成绵延起伏的丘陵或大小各异的台地，逐渐形成了山峰耸立、沟壑交错、地层分明的地貌特征。

深切沟谷多

发育在虎头梁泥河湾层中的冻融褶皱

桑干河南岸侵蚀崩塌地貌——郝家台陡壁褶皱

三、成长历程

1. 泥河湾保护区管理处

1997 年 2 月，河北省人民政府批准建立泥河湾省级地质遗迹自然保护区；同年 8 月，河北省编制委员会批准泥河湾保护区管理处编制。2001 年 12 月 14 日，国家级自然保护区评审委员会举行评审会，全票通过泥河湾保护区晋升为国家级保护区。2002 年 7 月 4 日，国务院办公厅（国办发〔2002〕43 号）发布通知，正式批准泥河湾保护区为国家级自然保护区。保护区管理处是河北省国土资源厅直属正处级事业单位，定编 15 人，现有管理人员 14 人，其中有 3 名高级专业技术人员。管理处健全了内部机构，对保护区实施了全方位的保护和管理。保护区管理处固定资产 336 万元，经费管理形式属于财政性资金基本保证经费，是全额拨款的事业单位。

泥河湾保护区化稍营管理站

管理处原主任王希桐在科普基地授牌现场

保护区管理处在阳原县化稍营镇建有保护区科普教育实习基地，位置在宣大高速化稍营出口南 500 米处，基地门前即是 109 国家干线公路，它与宣大高速和东西的大秦铁路形成了四通八达的公路网络，交通十分便利，可直达北京、张家口、大同、秦皇岛、石家庄等城市。在宣大高速和 109 国道路旁，均设置有保护区导向牌，为来保护区参观考察人员提供了准确可靠的道路信息。科普实习基地设施包括 200 平方米的陈列馆、专家工作室及客房等配套设施，方便来访的专家、学者、科研院所学生及参观人员开展工作、考察实习和住宿。2011 年，泥河湾保护区申报并被批准成为第二批国土资源科普基地。

2. 泥河湾科学研究

泥河湾的科学研究可以分为 3 个阶段：初期研究阶段、国人早期研究阶段、广泛研究阶段。初期研究始于 20 世纪 20 年代，外国传教士发现泥河湾哺乳动物化石；之后外国学者巴尔博、德日进等到泥河湾调查研究，命名了“泥河湾层”，发表了专著《泥河湾哺乳动物化石》。

国人早期研究阶段是在新中国成立后，泥河湾的研究由中国学者占据主导地位。广泛研究阶段受助于 20 世纪 70 年代后期“科学春天”的推动，泥河湾研究涉及多个学科、参与研究人员非常多，极大地丰富了泥河湾地区的研究成果，提升了泥河湾地质遗迹的科学价值和社会价值。

桑志华Emile Licent（1876~1952）法国著名地质学家、古生物学家、考古学家、科学院院士。他是“泥河湾哺乳动物群”的发现和发掘者，“如果没有他坚持不懈的努力，我们对桑干河的动物群则仍然一无所知。”

巴尔博George B.Barbour（1890~1977），英国地质学家，美国哥伦比亚大学讲师，1922~1926年期间任燕京大学教授。他是泥河湾层的发现和命名者，也是进行泥河湾盆地地层与地貌研究，拉开泥河湾盆地科学研究序幕的第一人。

德日进Pierre Teilhard de Chardin（1881~1955）原名泰雅尔.德.夏尔丹，德日进系中文名字，是法国哲学家、神学家、古生物学家、地质学家。他把“泥河湾层”再次划分为上维拉弗朗和下维拉弗朗两部分，是泥河湾科学奠基人之一。

研究泥河湾的著名外国专家学者

四、协作交流

泥河湾保护区自成立以来，积极与中国科学院地质与地球物理研究所、古脊椎动物与古人类研究所的专家沟通，邀请专家、学者到泥河湾考察研究，合作开展科学研究，组织了几次比较重大的交流协作活动。

2000年，泥河湾保护区管理处举办“泥河湾地质遗迹保护年会”，邀请中国科学院院士刘东生等专家、学者研讨泥河湾发展。

2008年3月5日，泥河湾保护区管理处举办了“泥河湾地层知识讲座”，邀请我国著名的地质学、古生物学专家，中国地质大学教授李凤麟到会讲授泥河湾地质遗迹知识。这次地层知

中国科学院院士刘东生在2000年泥河湾地质遗迹保护年会上发言

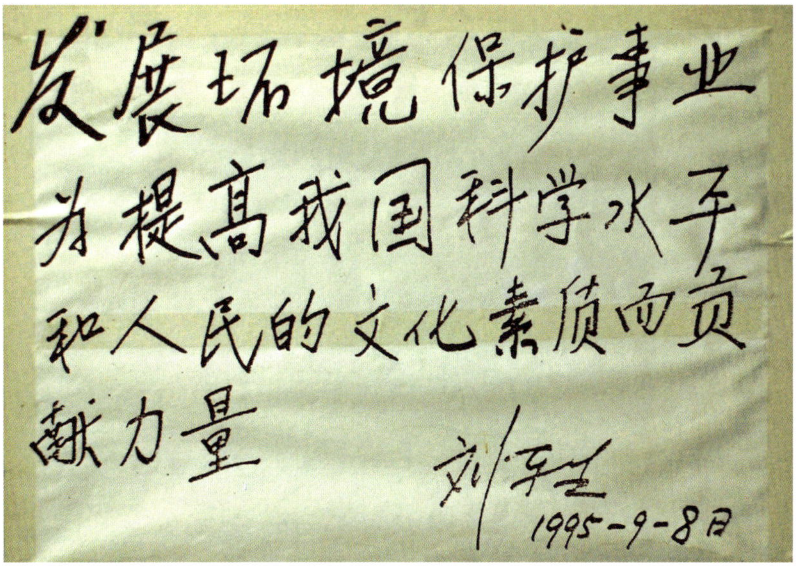

刘东生院士为泥河湾题词

识讲座，使泥河湾真正从专家、学者的研究走进民间、走向大众，激起了更多的干部群众参加到泥河湾的研究、建设和保护队伍中的热情。

2009 年 10 月 23 ～ 25 日，参加“纪念北京猿人第一头盖骨发现 80 周年国际古人类学学术研讨会暨第一届亚洲第四纪研究学术大会”的来自俄罗斯、韩国、日本、英国、美国等 15 个国家的中外专家近 80 人在会后来到泥河湾，对这里的地层及化石点等进行了参观考察。

2009 年 12 月 9 ～ 12 日，保护区管理处在中国科学院古脊椎动物与古人类研究所召开了“泥河湾国家级自然保护区保护与发展专家研讨咨询座谈会”，来自中科院古脊椎动物与古人类研究所、中国科学院地质与地球物理研究所、中国地质大学（北京）、中国地质科学院、北京大学、北京师范大学、天津地质矿产研究所、石家庄经济学院等 9 个科研院所的 23 名专家及部、省、县 20 多名领导也参加了会议，合计到会院士 2 名、各学科专家 37 名，政府官员 22 名。

中国科学院院士朱日祥出席泥河湾保护与发展专家研讨咨询会并讲话

中国科学院院士吴新智出席泥河湾保护与发展专家研讨咨询会并讲话

2013 年，在张家口召开“泥河湾保护与发展研讨会”，邀请中科院古脊椎动物与古人类研究所、地质与地球物理研究所、天津地质矿产研究所、石家庄经济学院等对泥河湾有突出贡献的领导、专家、学者齐聚张家口为泥河湾保护发展建言献策。

泥河湾保护与发展研讨会开幕

2015年3月8日，泥河湾保护区管理处与阳原县大田洼乡共同参加由中国地质博物馆工会组织的“庆‘两会’、迎‘三八’、认领化石村”活动，中国地质博物馆馆长贾跃明、中国地质博物馆副馆长张亚钧、国家古生物化石专家委员会办公室副主任王丽霞、中国地质环境监测院副院长田廷山出席此次认领仪式。在该次认领活动中，中国地质大学（北京）化石保护管理硕士班与河北省泥河湾大田洼乡东谷坨村举行了认领仪式，签订了化石村认领协议。

2016年7月8日，泥河湾保护区管理处与阳原县大田洼乡共同建设的东谷坨化石村科普展馆开馆。

硕士班代表与泥河湾保护区管理处主任赵文俭签订东谷坨化石村认领协议

东谷坨化石村科普展馆开馆

五、阶段成果

（1）科普解说系统和科普场地

保护区自成立以来共建立界碑746块，分层设界碑35块，台儿沟剖面、洞沟剖面、大道坡剖面等剖面说明碑8座，重点区域指示牌9个。2007年、2008年分别开展了泥河湾区域地质资源调查、古生物化石调查和保护区界碑及科普读物的出版工作；2008 年在化稍营管理站建设了一座 200 多平方米的展厅和多功能演示厅；2014 年在钱家沙洼猛犸象头建成 100 米科普长廊和一座野外展厅；2016 年 6 月与大田洼乡合作建成东谷坨化石村科普展馆并对外开放。

2015年更换新说明碑、指示牌

设立的界碑、界桩和道路指示牌

2015年在猛犸象象头化石挖掘地点建成科普长廊

猛犸象头科普长廊——猛犸象头化石野外展厅

（2）科普读物和宣传资料

保护区管理处还主编了通俗读物《神奇的泥河湾》，印制了宣传画册《神奇的地质瑰宝》；请中国科学院地质与地球物理研究所研究员袁宝印主编了《泥河湾裂谷与古人类》；编制出版了《神奇的第四纪地质瑰宝——泥河湾》《中外专家情系泥河湾》等 5 本科普书籍。此外，保护区管理处聘请专业电视台制作了纪录片《东方人类的故乡——泥河湾》《虎头梁——中华文明万年起始地》，将泥河湾知识翔实而又通俗地展现在人们面前。

发行的科普图书

（3）泥河湾保护区网站

标题栏目分为“保护区简介”“保护动态”“政策法规”“科研科普”“国际交流与合作”“保护论坛”。内容涉及：服务与公告、泥河湾地层、泥河湾古生物化石、泥河湾古人类文化遗址、泥河湾视频欣赏、科研与探索、国际交流与合作等版块。

泥河湾保护区网站

六、未来蓝图

未来泥河湾保护区国土资源科普基地将从以下几个方面着手，发挥国土资源科普基地的作用。

（1）完善科普设施

保护区管理处拟于2017年在小水沟古生物化发掘点建设一条科普长廊、一座野外展厅，继续丰富科普线路内容，扩大科普范围。

（2）提高科普能力

采用现代化的的科技手段展示保护区的最新科研成果；建立专、兼职科普人才培养机制；加强同专家学者的联系，鼓励管理处技术人员参与相关的科研课题，提高管理人员的科学研究能力。

（3）多种形式开展科普活动

利用各种宣传手段和工具（如报纸、电台、电视台、公告、广告、宣传栏和宣传册等）进行广泛的宣传；通过科普教育或专业旅游的形式向游人进行有关法律、法规的宣传教育；依靠当地政府，充分调动广大干部和群众保护遗迹资源的积极性。

（4）丰富科普作品

保护区管理处将继续整理出版专家论文集，创作涵盖保护区各方面知识的科普读物，与相关科研院所开展专题科研作品的汇编整理工作。

小贴士

东方人类从这里走来

人类从哪里来？是单一地区起源还是多地区起源？人类如何自我塑造，最终成为地球的统治者？这些问题是数百年来人类非常关心，而至今尚无确切答案的重大疑难问题。

早在1915年，西方一些学者就提出了人类起源“亚洲说”，美国纽约自然历史博物馆的中亚探险队自张家口出发，对蒙古高原及新疆进行了为期10年的考察。20世纪前叶，来自各国的科考探险队纷纷来到亚洲，试图找到人类的诞生地。从某种意义上说，泥河湾的科学研究也是在这样一个大背景下展开的。科学家们提出，需要证实的是:“当三趾马来喝泥河湾湖水的时候，这里就有了人类”。人类起源于亚洲吗?

考古发现证明，在泥河湾这块古老的土地上，远古人类的活动从未间断并形成了贯穿整个新旧石器时代的考古文化序列。

泥河湾古人类遗址群就位于阳原盆地桑干河畔。早在1924年，英国地质学家巴尔博对泥河湾一带的地层进行考察，首先将分布于泥河湾一带的湖相沉积岩定名为“泥河湾层”，从而拉开了泥河湾盆地科学研究的帷幕。从那一刻起至今，经过20多个国家和地区的500多位专家、学者的考古发掘和研究，在东西长82千米、南北宽27千米的桑干河两岸区域内，发现了含有早期人类文化遗存的遗址80多处，古人类化石、动物化石和各种石器数万件，几乎记录了从旧石器时代至新石器时代发展演变的全部过程。在中国目前已经发现的25处距今100万年以上的早期人类文化遗存中，泥河湾遗址群就占了21处。泥河湾早期文化遗存的密度之高、年代之久远，不仅在国内绝无仅有，在世界上也极为罕见。这些远古的祖先给今人留下的丰富文化遗物，囊括了古人类学、旧石器考古学、古生物学、第四纪地质、古地磁学、古气候学和年代测定等多个学科，使这里成了举世闻名的“天然博物馆”，对探索世界早期人类的发展及其文化的演变和发展具有重要意义。特别是2001年马圈沟遗址的发掘，首次发现了距今约200万年前人类进餐的遗迹，这是迄今为止我国发现的最早的人类起源地。

泥河湾具有诸多方面的科学含义和价值。从第四纪地层学和哺乳动物学考虑，与欧洲维拉方同成为世界标准地层。着眼于古人类学和旧石器时代考古学，她又是世界上探索人类及文化起源与发展的关键地区，可与东非奥杜维峡谷相媲美。

泥河湾的考古发现，为中国旧石器时代考古区系类型学的研究和建立提供了坚实的依据，同时为中国猿人文化找到了来龙和去脉。早在20世纪70年代，贾兰坡先生首先提出，在华北地区存在两个文化传统，即小石器和大石器传统。其中小石器传统起自中国猿人遗址，终止于峙峪遗址，这是第一次为中国猿人找到了去处。许家窑、侯家窑遗址的发现，被贾兰坡先生称为“北京人文化和峙峪文化之间的重要环节，也可以说是过渡的桥梁”。之后，早至200万年前的马圈沟遗址，晚到1.8万年前的西白马营遗址之间一系列的文化遗址，既对中国旧石器考古区系类型学进行了完善，也为中国猿人文化找到了来源和去向，泥河湾盆地始终被纳入追索北京人来龙去脉的视野中。最终，科学家们在泥河湾找到了答案。

在旧石器时代向新石器时代过渡进程中，泥河湾也起到过重要作用。可以说，泥河湾旧石器文化历经200万年的积淀，在距今万年以前，为中国北方的文明起步做出了贡献。虎头梁遗址群的于家沟、马鞍山遗址的发掘表明，泥河湾的制陶业发生在1.1万年以前，是中国北方最早的陶器。在制陶业出现前后，有可能出现了畜牧业。尽管没有在这里找到农业起源的直接证据，但泥河湾发达的细石器工业很可能参与了当地的农业革命。

获2003年度国家最高科学技术奖的刘东生院士多次到泥河湾考古发掘现场考察，曾专程赴石家庄观察马圈沟遗址的考古发掘资料和标本，并题词：“泥河湾是中国乃至东亚人类活动的发源地之一，祝研究发掘工作取得更大收获。”随同刘东生院士访问的美国著名考古人类学家鲍立克教授留言：“泥河湾是东亚乃至全世界人类活动最早的地区之一，我荣幸地祝愿在这里成功地找到最古老的人类。”

1997年，河北省人民政府将泥河湾列为全省第一个省级地质遗迹保护区。2002年初，泥河湾地质遗迹晋升为国家级自然保护区。在北京中华世纪坛象征中华民族发展的270米长的青铜甬道上，泥河湾的小长梁遗址作为见证中华大地古人类最早的发祥地，被镌刻在了第一个台阶上。

2000年，在中国考古学术界评选的“中国20世纪100项考古大发现”中，泥河湾遗址群的考古发掘研究被列为百项之首。2001年，泥河湾遗址群被国务院公布为全国重点文物保护单位。2002年，泥河湾被批准为国家级自然保护区。

东方人类从这里走来。泥河湾是河北人民的骄傲，是中国人民的骄傲，是世界人民的骄傲。

赞皇嶂石岩国家地质公园科普基地

■ 郑建朝 韩 杰 李 辉

一、基地简介

河北赞皇嶂石岩国家地质公园国土资源科普基地，位于河北省石家庄市西南86千米处的赞皇县境内，是嶂石岩地貌的命名地，2004年1月被国土资源部批准为国家地质公园。园区面积43.5平方千米，分为纸糊套、冻凌背、圆通寺、黄庄和九女峰5个景区，主要地质遗迹类型为地质构造、地质剖面和地质形迹，由122个主要地质遗迹组成。2011年被国土资源部批准为国土资源科普基地。

科普基地地处太行山主脉中段东侧的深山区，兼具北国雄奇、南国俊秀之特点，同时为国家级风景名胜区、国家AAAA级风景旅游区。基地风景资源主要以雄伟奇特、壮美秀丽的山岳地貌为主。基地内嶂岩三叠，绿栈镶嵌；塔峰石柱，棱角鲜明；垂直岩缝，形如刀切，“三栈牵九套，四屏藏八景”的景观格局引人入胜。世界上最大的天然回音壁，坐落于基地西部。

嶂石岩地貌与丹霞地貌、张家界地貌并称为我国三大砂岩地貌。嶂石岩地貌是地质地貌学者发现并研究的一个新的地貌种类。据专家考证：在28亿年前，嶂石岩地区被海水淹没，沉积了巨厚的碎屑岩、含铁硅质岩及碳酸盐岩等沉积物；后来经历了漫长的地壳运动，如五台运动、吕梁运动、燕山运动、喜马拉雅运动，海水多次侵入和地壳阶段性抬升，形成了距今18亿年的双层红色石英砂岩和距今5亿年的一层石灰岩，构成了发育完整、最为典型的独特地质景观——嶂石岩地貌。

二、资源特色

嶂石岩地貌主要由易于风化的薄层砂岩和页岩组成，多形成绵延数千米的岩墙峭壁。三叠崖壁，除顶层为石灰岩外，多由红色石英砂岩构成。远远望去，赤壁丹崖，如屏如画，十分壮美，被地质学家、地理学家命名为嶂石岩地貌，是地貌学按岩性分类确立的一种新的地貌类型。

2001年，著名地理专家郭康、吴忱等将嶂石岩地貌定义为：“以阶梯状长崖和半圆形围谷或深切嶂谷为主要形态，具有顶平、身陡、麓陡基本特征的滨海—浅海相石英砂岩地貌，主要发育地层为中元古界。”

嶂石岩地貌在形态上具有五大基本特征：丹崖长墙延绵不断，阶梯状陡崖贯穿全境，“Ω”形嶂谷相连成套，棱角鲜明的块状造型，沟谷垂直自始至终。

（1）丹崖长墙延续不断

不同的地貌类型在景观价值上可以不同的几何轮廓与整体气势概括出来，如“泰山之雄”可以金字塔般的三角形轮廓予以概括；“华山之险”可以高度远大于宽度的矩形轮廓来概括；而“嶂石岩之壮阔气势”则可用宽度远大于高度的矩形轮廓来描述。游人置身于嶂石岩风景区犹如坐在电影院宽银幕前的第一排座位上，欣赏气吞山岳的宏伟场面。一般而言，嶂石岩地貌发育区是以高百米以上、甚至数百米的丹崖长墙横向展开，更以数千米、数十千米，甚至更大的幅度远远延伸而去。丹崖长墙仅在嶂石岩国家地质公园内即长达10余千米，且向南北断续出现达300余千米。

（2）阶梯状陡崖贯穿全境

嶂石岩地貌大背景在垂直横剖面上，往往呈阶梯状陡崖。以嶂石岩国家地质公园为例，即有三级大断崖，每层均在100米以上。各层之间的平台时宽时窄（宽者称“台”，窄者称“栈”），突显了丹崖长墙的层次感与浑厚感。

（3）“Ω”形嶂谷相连成套

发育在丹崖长墙上的“Ω”形嶂谷，是嶂石岩地貌的典型性与标志性特征。“Ω”形嶂谷在平面图上呈现沟头为半圆形的投影，其沟谷有长有短，短到百十米，长到一二千米。最典型的“Ω”形嶂谷发育在嶂石岩村西北方向1.3千米处，是一个直径90米、弧度250°的“Ω”形嶂谷，其投影呈一个十分规整的开口圆弧，因回音清晰而被称为“世界最大天然回音壁”。这些“Ω”形嶂谷，又往往成群出现，相连成套，如嶂石岩村西南的大西套、小西套、正西套等仅一墙之隔，纸糊套与槐泉套也紧紧相靠。“三栈牵九套”，构成了嶂石岩景观地貌的大框架。

（4）棱角鲜明的块状结构

无论是嶂石岩地貌的整体结构，还是具体的造型地貌结构，不论大小都呈现着棱角鲜明的块状结构特征，这主要是因为其坚硬的岩性与十分发育的节理所致。

（5）沟谷垂直自始至终

嶂石岩地貌中的沟谷或沟缝，无论其长短，在沟坳都呈垂直状，而不像常见的沟谷地貌的沟坳那样多呈坡状，也就是说，嶂石岩地貌的坡面发育是从垂直的沟缝开始，到垂直的沟谷终止。

丹崖长墙

嶂岩三叠

世界最大天然回音壁

岩廊

赤壁丹崖

嶂石岩地貌命名地

绝壁峭立

三、成长历程

1994 年，嶂石岩景区被认定为重点风景名胜区；1997 年，“世界最大天然回音壁”载入世界吉尼斯纪录；1999 年，被认定为嶂石岩地貌命名地；2004 年，被批准为国家地质公园；2005 年，被认定为 AAAA 级旅游区；2010 年，被批准为“河北省省级科普基地”；2011 年，被评选为“国土资源科普基地”。

四、交流协作

基地已成为河北地质大学、石家庄职业技术学院、河北地质职工大学、赞皇中学、赞皇一中、赞皇二中等多所院校的教学、实习、写生、夏令营等活动基地。与武安国家地质公园、临城白云洞国家地质公园缔结为姊妹地质公园，为资源共享、提高科普品位提供了共同发展平台。为加大科普工作人员的业务水平，基地每年的 4 月、6 月、8 月、10 月，分 4 期聘请地学专家举办每期不少于 3 天的专业知识培训。同时，基地积极参与国家和地方相关部门举办的科普研讨会培训工作。

石家庄职业技术学院教学实习基地在嶂石岩揭牌

武安、临城、嶂石岩姊妹公园缔结协议签订

五、阶段成果

（1）科普场馆建设

基地现已建有一座800平方米的博物馆，博物馆以纸墨笔砚格局布局设计，喻意“文房四宝绘山川”；

基地服务中心

地质博物馆全景

回音壁模型

博物馆展厅

内部展厅布设了多种地质、地理模型和标本，为地质、地理科学普及提供了较为全面的展示平台。基地建有一座500平方米的奇石园，园内形态各异的象形石、标本石揭示了大自然的神奇。

科普长廊是科普建设的重要内容，目前基地在1500米的地质文化路上布展了各类砂岩构造岩石标本1200多块，形成一条石英砂岩科普长廊。同时在博物馆广场建有30米长的科普展示长廊一条，设展示牌30块，重点对嶂石岩地貌的成因、特征及观赏价值进行了展示说明。

基地现已完成科普考察线路三条，总长度15千米，分别展示嶂石岩地貌特征、砂岩构造、地层特征、三叶虫化石、断层、石钟乳、地质灾害形迹点等地质考察点100多处，其他人文、自然考察点80多处。

奇石园一角

原地质矿产部党组书记、部长孙大光题词

地质文化路

（2）门户网站建设

为加大科普宣传力度，基地建设了自己的科普宣传网站（www.zhxlyw.com），网页内容充实，并有专人负责更新，每年更新内容在300条以上。为加强地质公园信息化建设，建立了地质公园数据库。

网站建设

（3）科普人才建设

截至目前，基地共有专职科普人员13人，专门从事园区内的科普组织、解说、讲解等工作。另外聘请河北省环地资源环境研究所作为基地的技术支撑，常年有5名专家作为兼职科普工作人员。

（4）科普宣传作品

制作了多种科普宣传品：《嶂石岩国家地质公园画册》是一部介绍嶂石岩地貌形成、发展及其特征的综合性宣传品；《嶂石岩地质公园导游图》介绍嶂石岩科考、观光方式；《嶂石岩水韵》《国家地质公园——太行红崖嶂石岩》是欣赏类、科普类影像制品，已发行光盘2000张；《太行山中的奇观》由中央电视台制作，在中国地理节目中播放。

科普作品

六、未来蓝图

1）加大科普基地工作人员培训力度，每年举办不少于3次的相关知识培训；

2）印刷不少于两种（5000册）科普宣传材料；

3）加大各方面协调力度，争取资金，确保科普设施建设、科普作品、科普活动、科普研究等各方面工作顺利开展。

小贴士

嶂石岩地貌

嶂石岩地貌为中国三大砂岩地貌（丹霞地貌、张家界地貌、嶂石岩地貌）之一，为地貌学按岩性分类确立的一种新型地貌类型，主要由易于风化的薄层砂岩和页岩形成，多形成绵延数千米的岩墙峭壁、三叠崖壁，除顶层为石灰岩外，多由红色石英砂岩构成。远远望去，赤壁丹崖，如屏如画。1972年，河北省科学院地理科学研究所的郭康在太行山考察中发现了这种气势壮阔的红崖长墙砂岩地貌，后经多年考察研究，正式将该地貌命名为“嶂石岩地貌”。

嶂石岩地貌有五大特点：丹崖长墙连续不断、阶梯状陡崖贯穿全境、“Ω”形嶂谷相连成套、棱角鲜明的块状结构、沟谷垂直自始至终，并蕴藏着大量奇特的地质、地貌景观和与之相关的“天人合一”的历史与地方文化景观。它与丹霞地貌、张家界地貌有本质上的区别。嶂石岩地貌建立了一套独特的形成与演化模式，丰富了地貌学的内容，开拓了应用地貌学研究领域。

嶂石岩地貌主要分布在河北省中南部赞皇县太行山深山区的嶂石岩景区。此外，嶂石岩地貌在太行山其他许多地方都有分布，人造天河“红旗渠”就建在嶂石岩地貌之上。除了太行山脉，山西的中条山也有分布，但基本上都在河北、山西、河南这一带。

河北省赞皇县太行山嶂石岩景区，区域地质构造上处于赞皇背斜隆起的西翼。地貌上为山高谷深的中山地貌，地势由西南向东北降低，最高峰黄庵垴海拔1774米，槐泉为槐河的发源地，富含多种矿物质。槐河西侧山脉主脊东坡为嶂石岩地貌的典型地段，形成了近南北向连绵延伸，比高500～700米的三级大断崖，构成了园区“三栈牵九套、四屏藏八景”的景观格局，具有“丹崖长墙，横贯天际；万丈红崚，绿栈镶嵌；‘Ω’形嶂谷，连环成套；回音弧壁，天工巧成；塔柱石峰，棱角鲜明；垂直岩缝，形如刀切”的景观特色。

在岩石地貌的大家族中，有很多外表相似的“兄弟”，例如，丹霞地貌、张家界地貌等，乍看起来它们都是奇峰怪石，很容易混淆，让人迷惑，但经过专家研究分析，它们在成因和形态上都有着本质的区别。张家界地貌是以塔柱状峰林为特色，看上去是千峰耸立、万石峥嵘的景观。丹霞地貌红色的奇峰异石与嶂石岩有点相似，但它是由流水整体侵蚀切割形成的，以块状结构为主。而嶂石岩地貌则是以延续不断的丹崖长墙、弯曲相连的“Ω”形嶂谷及一头开口的峡谷为主要特色，因此认定它是一种新的地貌类型，命名为“嶂石岩地貌”，与丹霞、张家界并列为中国三大砂岩地貌。

河北省地质实验测试中心科普基地

■王 芸

一、基地简介

河北省地质实验测试中心隶属于河北省地质矿产勘查开发局，现位于河北省保定市百花东路156号，拥有国际先进水平的日本理学ZSX100e型X—荧光光谱仪，美国利曼、瓦里安MPX电感耦合等离子体光谱仪，安捷伦7500a电感耦合等离子体质谱仪，美国瓦里安原子吸收光谱仪，美国安捷伦气相色谱仪，美国安捷伦液相色谱仪，美国安捷伦气相色谱质谱联用仪，美国戴安公司离子色谱仪等大型精密仪器，以及可以满足矿产资源综合利用、循环利用工艺研究所需的配套齐全的重、磁、浮、电选矿试验设备。

目前已经形成了完整的分析测试、岩矿鉴定、资源利用等方面的技术和研究体系及质量保证体系。1991年取得了国家级计量认证资格，2006年通过ISO9000质量认证。到目前为止，质量管理体系已经覆盖了科研、生产、后勤、质量监控等全部环节。

已形成的技术体系和方法可以满足：①地球化学样品54元素分析；②元素形态和价态分析；③地质、环境、生物、材料等各类样品的无机项目分析；④地质、环境、生物等各类样品的有机项目分析；⑤岩石矿物成分和结构构造的分析鉴定，宝玉石鉴定；⑥各类矿石选矿工艺研究与设计；⑦资源循环利用工艺研究与设计；⑧矿山生态环境恢复治理工艺研究与设计。

现有职工114人，其中，教授级高工5人，高级工程师26人，工程师31人；获国家科技进步奖二等奖1项，国土资源部科技成果奖二等奖2项、三等奖11项，河北省科学大会奖3项，河北省地质矿产勘查开发局科技成果奖一等奖1项，河北省金属学会二等奖1项，河北省科学进步奖二等奖1项；发现新矿物——蓟县矿；蓝晶石矿物的化学物相分析技术，填补了国内空白；出版专著、译著6部，近年来在国内外科技期刊发表论文近50余篇。

河北省地矿中心实验室优质高效地完成了河北省所有的 1 ∶ 20 万及湖南、内蒙古、西藏和云南近 30 个 1 ∶ 20 万化探图幅样品的测试任务，经专家评审验收，分析质量均获得优秀级；中国地质调查局河北省多目标区域地球化学调查项目 3 万件样品 54 元素分析质量为优秀。

二、特色资源

实验测试车间面积 3100 平方米，其中 1000 平方米用于开展科普工作，包括：科普文化长廊、科普知识展示厅、多媒体演示和科普报告讲座厅、仪器分析展示厅、选冶实验流程展示厅。正在建设中的地质科研大楼占地 6100 平方米，总建筑面积 16906 平方米，规划有国土资源科普展厅，可供公众参观的设施面积达 6000 平方米以上，整体投入使用后，对进行国土资源科普宣传、深入开展科研成果科普化等都将起到重要的推动作用。该项目主体建设已完工，正在进行内部装修。

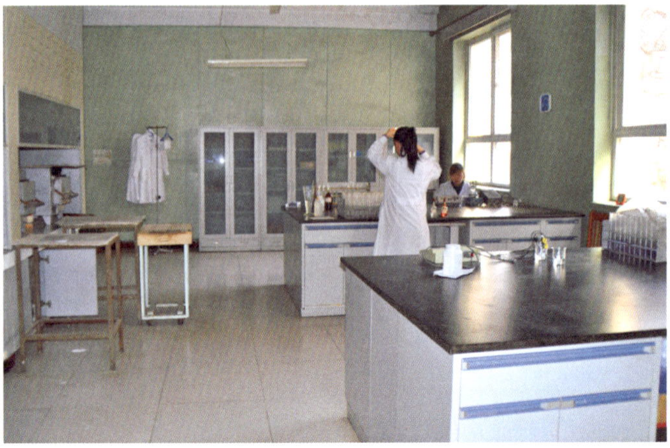

工作人员正在进行实验测试分析

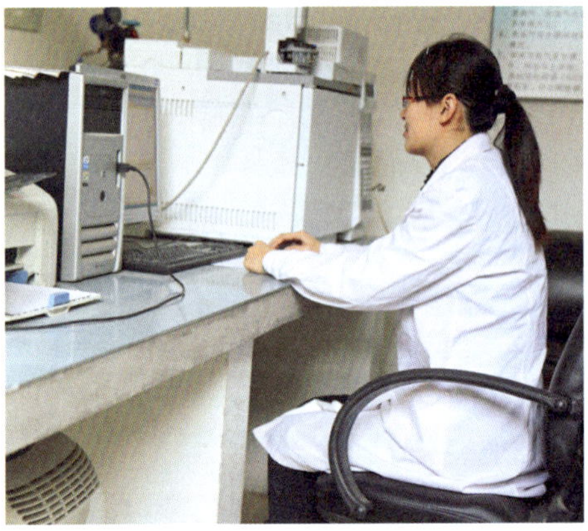

美国安捷伦气相色谱仪

美国安捷伦液相色谱仪

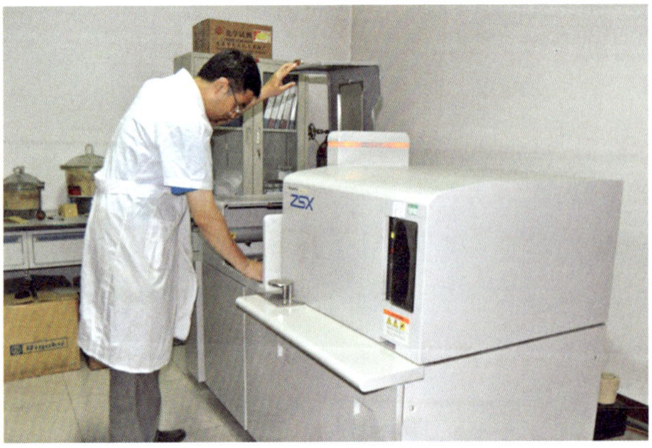

日本理学ZSX100e型X—荧光光谱仪

美国瓦里安电感耦合等离子体光谱仪

基地现有仪器设备110余台（套），均可供公众参观，部分仪器设备可在工作人员的指导下进行简单操作，并有气相质谱联用仪等仪器分析系统模拟演示。当前世界有机分析三大主流支撑技术（气相色谱法、气象色谱－质谱法、液相色谱法）及无机分析三大主流支撑技术（X射线荧光分析、电感耦合等离子体原子发射光谱法、电感耦合等离子体质谱法）均可在本基地参观到。

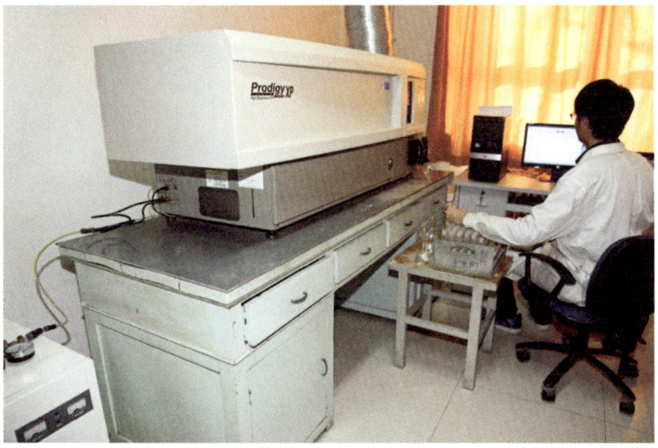

美国利曼电感耦合等离子体光谱仪

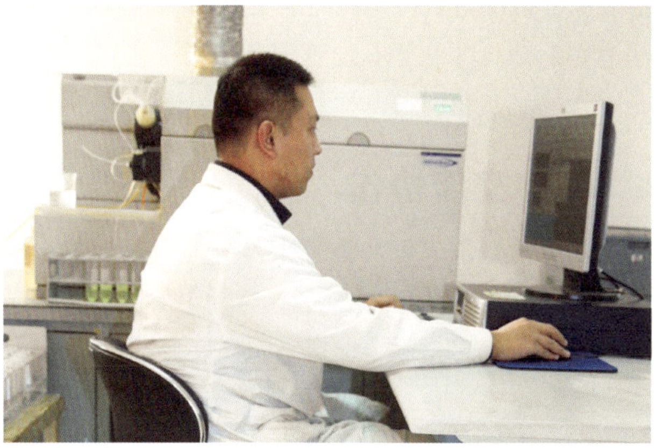

美国安捷伦电感耦合等离子体质谱仪

选矿设备

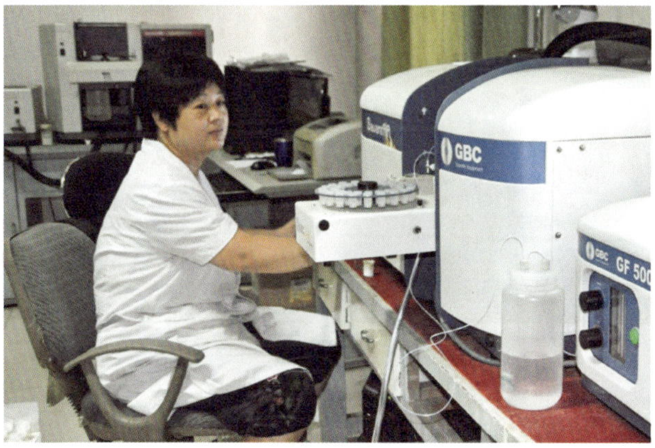

澳大利亚GBC石墨炉

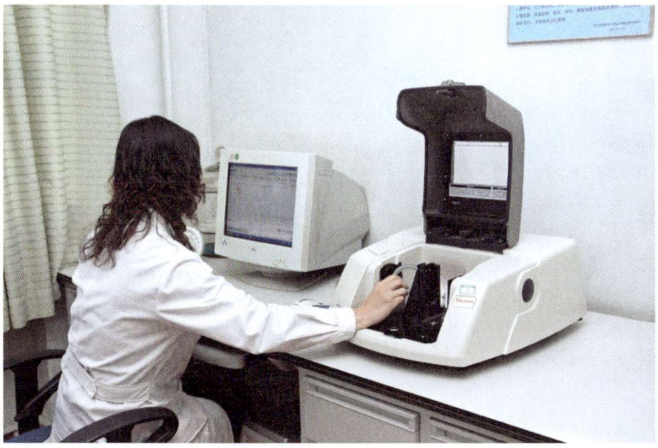

尼高丽力NT-380型傅里叶变换红外光谱分析仪

原子吸收分光光度计

三、成长历程

基地是一个具有实验测试分析、岩矿鉴定、矿石选冶试验研究、矿产资源综合利用及循环利用技术研究、矿产资源质量监督检测等功能的综合性实验测试研究机构。经过多年的发展，已成为华北地区在岩石、矿物、土壤、环境、生物和水等样品检测方面最具竞争力的科研单位。2011 年 8 月，被国土资源部批准为科研实验类国土资源科普基地；2015 年 5 月，被中国科学技术协会命名为全国科普教育基地，后成立了科普基地管理办公室，制定了《河北省地矿中心实验室科学技术普及管理办法》，配备专职人员，负责科普基地的规划和建设、科普人员的培训、科普作品和宣传材料的创作。

四、交流协作

基地一直以来都注重与相关单位、高校的合作，现已与保定市教育局签订了《关于合作进行国土资源可持续普及教育的协议》；与保定学院签订了《产学研合作协议书》，作为保定学院产学研合作教育基地，我基地经常联合保定学院开展科学普及讲座、实验参观、科普展览及科学实践等相关活动。

与保定学院产学研合作签字仪式

我单位工作人员向保定学院师生进行现场项目指导

五、阶段成果

自 2011 年 8 月被国土资源部批准为“科研实验类国土资源科普基地”以来，科普基地完成了大量硬件和软件方面的建设。

（1）基础设施建设

基地拥有实验测试车间面积 3100 平方米，其中 1000 平方米用于开展科普工作，包括：科普文化长廊、科普知识展示厅、多媒体演示和科普报告讲座厅、仪器分析展示厅、选冶实验流程展示厅。

利用单位的先进仪器设备，在公休日和节假日向大中学生、地质类技术人员展示地质样品分析流程、饮用水分析流程、矿产资源利用工艺流程、岩石矿物和珠宝玉石鉴定流程，介绍分析测试技术的最新进展。新增科普仪器设备数台（套），并已在科普工作范围内对外开放。

（2）科普人才队伍建设

在人才队伍建设方面，基地科普工作人员由命名前的 11 人增至 20 人，其中兼职科普人员由 10 人增至 19 人，配备专职讲解员 1 人、兼职讲解员 6 人。每年按计划定期进行专项培训、考核。

在制度方面，先后制定并完善了《科普工作制度》《国土资源科普基地开放制度》《科普工作者能力培训制度》《科普志愿者管理制度》《科普基地参观注意事项》等制度。

（3）科普活动开展

每年按计划举办“中国志愿者服务日”“世界地球日”“全国土地日”“全国科普日”“全国法制宣传日”等主题科普活动，定期开放科普基地，举办科普讲座，进行科普问卷调查，征集科普作品等，以丰富多样的形式进行科普宣传。在日常工作中，基地积极配合省市各级相关单位举办的各类宣传活动，力争将科普工作常态化、将科普宣传工作渗透到各行业中，积极拓宽科普工作领域。基地以推动全民科学素质建设为宗旨，以构建和谐社会为目标，通过宣传展板、地质科普挂图等宣传材料、向公众普及宣传地质、分析测试、珠宝鉴定、资源利用、矿产资源法、环境保护法等方面的科学知识，提供咨询服务。

开展动手科学实践活动，对有兴趣的中学生、大学生开放，在周六、日和寒、暑假期间有组织地开展化学实验、岩矿鉴定、大型仪器操作、选冶实验等动手科学实践活动，激发广大青少年学生对地球科学的兴趣，提高其动手能力。

（4）科普作品制作

在科普作品方面，已在《中国矿业报》等媒体发表《带你认识可燃冰》《我们需要知道的矿产小常识》等 7 篇科普文章，在《保定日报》主办“打开矿藏宝库 服务百姓生活”科普专栏节目，提交研究报告（公众版）4 份，制作科普宣传资料 10 余种，策划专题科普讲座《钢铁是怎样炼成的》《走进新能源》等。

（5）网站及新媒体建设

建设了科普基地网站（http://js1965.org/），科普文章实时更新；建立了微信公众号（冀地实国土资源科普基地）、新浪微博账号（冀地实国土资源科普基地），以新媒体为媒介逐渐拓宽科普领域。

六、未来蓝图

为了更好地满足开展科普活动的要求，基地将加强科普基础设施建设，进一步完善科普文化长廊、科普知识展示厅、科学动手实践活动实验室、岩石矿物标本陈列厅、学术报告厅等设施，进一步完善科普仪器设备的标示说明及科普引导说明系统等。正在建设中的地质科研大楼占地 6100 平方米，总建筑面积 16906 平方米，规划有国土资源科普展厅，可供公众参观的设施面积达到 6000 平方米以上，整体投入使用后，将对国土资源科普宣传，科研成果科普化等起到重要的推动作用。该项目主体建设已完工，正在进行内部装修。

冀地实国土资源科普基地

扫一扫二维码图案，关注我吧

着力培养从事科普设计研究、公众教育的专、兼职科普工作人员，建立结构合理的科普人才梯队。

基地将充分发挥单位科研优势，继续加强科普专项研究，促进科研成果的推广与科普化，积极研究如何更有效地使公众理解科技、掌握知识，提高公众科学素质。

每年的“世界地球日”“科技活动周”“全国土地日”“全国科普日”等活动中，各举办一次不同主题的科普活动；每年举办一次“走进校园讲科普”活动，内容包括国土资源领域相关知识、成果展示和讲座。

加强与河北农业大学、河北地质大学、河北地质职工大学等单位的联系合作，发展一批大学生国土资源科普志愿者队伍，探索将大学生志愿讲解、科普创作等活动纳入社会实践或专业实习范畴，使大学生成为普及国土资源知识、宣传国土资源国情的有生力量。

小贴士

地质实验测试

地质实验测试，就是在实验室内对于在地质调查工作中所取得的具有代表意义的样品进行一系列化学或者物理性的测量操作，是一种依据实验的科学测试过程。地质实验测试作为一项最基本的测试方法，是地质工作中各个环节能否进行和怎样进行的重要依据和标准，实验所得的结果也是进行各种矿产勘探和科学研究的重要数据。我国地质实验测试已取得了一系列的成就，已形成了对39个化学元素进行研究的方法，并且获得了3000万个质量很高的数据，推动了我国在全球领域中对化学填图的相关进程。在21世纪，地质行业的工作人员通过对地质实验测试方法的运用，分析得出了53种元素的组分，并在一定时间内完成了对我国100万平方米的国土调查工作，制定完成了我国西南地区4个省份的化学图集，而且还划分出11个成矿类型的地区。

在地质实验测试中，有一种重要的方法在地质相关工作中得到了广泛的运用，这种方法就是岩矿分析法。而作为地质工作的基础，区域地质法中所运用的岩矿分析法，就是通过相关的实验，查清相关的区域内的地质、岩石及构造等特征和演示的发展历史和形成环境，它的主要测定项目有矿物结构、物质和元素的存在形态、化学成分及相关特征等，这样系统的测试方便了标型矿物的确定、标型元素的组成等一系列工作。在岩矿分析中，为了进行成因矿物学的相关研究，除了一些常规的测试手段之外，还需要使用一些现代的测试工具和方法，例如，电子显微镜、质子探针分析等。在区域地球化学调查中，岩矿分析法能够及时发现局部或者限定区域内的地球化学是否存在异常的现象，为基础地质的研究工作提供了相关的化学材料，在进行客观正确的试验后，得出引起地球化学异常现象的原因。岩矿分析还在矿产普查和勘探过程中发挥着不可替代的作用，通过对矿床的边界、产状、开采条件等研究，来确定整个矿场的经济价值和储存量等；还能通过对准确的矿床边际附近的岩矿分析，对矿产做出实际的经济风险评估。此外岩矿分析等地质测试实验在一定区域的水文地质调查过程和实验室控制相关测试质量的样品分析方面都发挥着十分关键的作用。

地质测试实验在地质分析技术中占据着重要的位置，尤其是在原位分析、绿色分析、形态分析和

小贴士

微区分析中，表现的作用更加突出，而如何让地质实验测试的技术本身得到强化，怎样保证现代的地质分析和勘探技术有所提高和发展，这在很大程度上都取决于地质测试实验相关仪器的进步程度。科技发展水平的逐渐提高能够有效地提升地质测试实验的准确性能和有效性能，并扩大地质测试实验的运用范围；而地质测试实验的应用，会随着地质科学的发展及对地质研究程度的加深而发生种种变化，如对地球以外的行星地质进行研究，或者现在的研究方向转到对人类整个社会产生影响的地质环境或者地质活动，以及现如今的矿产资源和能源的可持续供给等研究领域。

昌黎黄金海岸国家级自然保护区科普基地

金照光

一、基地简介

昌黎黄金海岸国家级自然保护区，是1990年9月30日经国务院批准建立的首批5个国家级海洋类型自然保护区之一。该区位于河北省东北部秦皇岛市昌黎县东部沿海，面积300平方千米，分为陆域和海域两部分，其中陆域北起大蒲河口南岸，南至滦河口北岸，东起低潮线，东西纵深2～4千米，面积91.5平方千米；海域部分北起北纬39° 37′，南至北纬39° 32′，西起低潮线，东至东经119° 37′，面积208.5平方千米。保护区划分为核心区、缓冲区和实验区三部分，主要保护对象为文昌鱼、沙丘、沙堤、潟湖、林带和海洋生物等构成的沙质海岸自然景观及所在海区生态环境和自然资源，是研究海洋动力过程和海陆变化的典型岸段，具有重要的生态价值、科研价值和观赏价值。2015年11月19日，国务院批准保护区范围调整工作，其总面积由300平方千米增加至336.2平方千米。

这里的沙质海岸分布有40余列沙丘，最高处达44米，为全国海岸沙丘的最高峰。陡缓交错的沙丘、绵延无尽的沙滩和碧蓝的大海构成了国内独有、世界少见的海洋大漠风光。被动物分类学家誉为“活化石”的文昌鱼是本区底栖动物的优势种，在浅海10～12米等深线附近栖息密度达到1035尾/平方米，是目前我国文昌鱼分布密度最高的地区之一。七里海潟湖是国内最为典型的封闭式现代潟湖，具有重要的保护价值和科研价值。这里是鸟类的王国，在这里可以找到几乎全国1/3以上鸟类的踪影，其中属于国家重点保护的鸟类就有68种之多。这里是“世界珍禽”黑嘴鸥的主要栖息繁殖地之一。

昌黎黄金海岸国家级自然保护区管理处是该保护区的管理机构，为处级事业单位，现有正式职工12人，设办公室、技术开发管理科、现场保护科，其中技术开发管理科室具体负责科普宣传工作。

二、资源特色

长达52.1千米的海岸，沙质松软，色黄如金，故称黄金海岸。这里海水洁净，沙粒匀细，由于海潮季风的作用，在海岸沿线形成世界罕见的大沙丘(包括海岸沙丘、固定沙丘、链状沙丘、风蚀沙丘等)，高度达30～40米。这些金黄色的沙丘呈新月形，陡缓交错，起伏有序，线条流畅，造型优美，形成独特的海洋沙漠风光，景色极为壮观。

黄金海岸在近2000～3000年形成，是由海滩、多道沙堤、风成沙丘组成的沙质岸。由滦河、饮马河入海的中细沙为主的沉积物，经过波浪、潮流等海洋水动力长期搬运、分选等改造作用，建造出海滩、沙堤，其沙粒磨圆度高，分选性好，含有海生贝壳碎片和微体生物化石。

■ 沙丘

宛如金龙卧沧海的海岸沙丘是这一地区的特色地貌，是重要的旅游资源和宝贵的科研资源，其规模、气势、连续性在国内独树一帜。沙丘呈链状分布，北起大蒲河口南岸，南至滦河口北岸形成一条长约30千米、宽1～2千米的沙丘带。主沙丘目前大多尚处于活动状态，每年向陆地方向移动1～2米，内侧次级沙丘在人工防护林作用下已经固定，中间过渡带的沙丘处于半固定状态。

自20世纪80年代滦河上游修建大型水利设施之后，滦河向海洋输水、输沙量明显减低，沙丘的物质来源受阻，从而使沙丘无论在高度上、还是形态上都发生了很大变化。保护区管理处近10年的监测表明，海岸沙丘每年都有下降的趋势。

黄金海岸全景图

海岸沙丘

固定沙丘

链状沙丘

风蚀沙丘

■ 湿地

滦河是华北地区重要的入海河口之一，滦河河口湿地地处本区的南部，为沉积类型发育齐全、地貌组合独特的河口原生湿地生态系统，被地貌学界认定为是典型的现代弧状三角洲、“天然的地学实验室”，在地貌学、沉积学、水文地质学诸多领域内，有较高的学术价值 。

滦河口处于东部沿海鸟类南北迁徙通道的中间地段，因而候鸟较多，其中，国家一类保护鸟类 12 种，黑嘴鸥在此地为优势种，目前已引起了世界野生生物基金会的关注；二类保护鸟类近 50 种，有以鸥形目鸥科为代表的水域鸟类，以鸻形目鹬科为代表的滩涂鸟类，以隼形目为代表的荒漠鸟类。

海鸟

黑白长脚鹬

滦河口湿地

七里海潟湖位于保护区中南部沙丘带内侧，因水域宽七里而得名。东北隅有潮汐通道与海相连，属半封闭式潟湖。地貌类型包括湖滩、湖盆、湖堤、防潮闸、码头、潮汐通道、海滩等，其中含有较多的人工地貌。七里海潟湖作为半封闭潟湖，在我国北方具有非常独特的典型性。

七里海湿地

大海日出

■ 文昌鱼

文昌鱼

文昌鱼是一种珍稀的海洋物种，它早在5亿年前就出现了，至今仍保持着远古特性及原始性状。之所以称文昌鱼为“活化石”，是因为经解剖学和胚胎学证实，在无脊椎动物和脊椎动物之间存在着一个过渡类型——头索动物，但是由于头索动物还没有出现坚硬的骨骼，不容易保存为化石，我们无法从地层中找到证据。而文昌鱼是头索动物的典型代表，所以文昌鱼的存在被视为研究鱼类起源和无脊椎动物进化的“活的证据”，即“活化石”。

文昌鱼属脊索动物门，文昌鱼纲，文昌鱼目，文昌鱼科，文昌鱼属。在我国主要分布于厦门、青岛、烟台、秦皇岛海域，其中以厦门分布最广。世界文昌鱼有2科2属20种，而我国只有2属2种。文昌鱼一般体长3～5厘米，有的达到6厘米之多，全身半透明，肌节清晰可见，体型左右侧扁，两头尖中央宽，形似扁担，所以有的地方称之为“扁担鱼”或“双尖鱼”。

文昌鱼在动物学上具有重要的地位，它是从无脊椎动物进化到脊椎动物的过渡物种，是鱼类的祖先，但又与鱼类决然不同，在动物进化过程中有特殊位置，是研究脊椎动物进化和系统发育的理想材料，在学术上有很高的科研价值。由于文昌鱼在我国分布不广，而且数量极少，已被列为国家二级保护动物。

■ 防护林带

为了防止沙丘向内地扩散，维护海岸和陆地生态环境及景观资源，20世纪50～60年代先后营造了6万多亩的人工防护林带，所植树种以洋槐、杨树、紫穗槐等乡土树种为主。黄金海岸旺盛的防护林带是维系海滨景观区和黄金海岸自然沙丘的主要生态工程，又是发展景观旅游事业的一个基本条件。

槐花

刺槐

林带

三、成长历程

1990年9月30日，昌黎黄金海岸国家级自然保护区经国务院批准成为首批5个国家级海洋类型自然保护区之一。

1991年1月2日，河北省编制委员会批复建立昌黎黄金海岸国家级自然保护区管理处，为处级事业单位。

1994年7月20日，昌黎黄金海岸国家级自然保护区管理处综合办公楼及其附属设施约1500平方米建成，并投入使用。

2003年10月28日，昌黎黄金海岸国家级自然保护区管理处与昌黎县人民政府共同编制的《昌黎黄金海岸国家级自然保护区总体规划（2003～2010）》通过国家海洋局批复。

2005年9月，昌黎黄金海岸国家级自然保护区科普展厅投入使用。

2006年3月16日，河北省国土资源厅（河北省海洋局）同意在昌黎黄金海岸国家级自然保护区管理处设立海监支队，加挂“中国海监昌黎黄金海岸国家级自然保护区支队”的牌子。

2006年建造了自己的生态监测实验室和15个专业气象要素的全自动气象站，并配备了常规生态监测设备，使之成为在海洋自然保护区建立的国内第一家生态监测实验室。

2008年8月15日，为中国海监昌黎黄金海岸国家级自然保护区支队配备的执法艇下水首航。

2010年11月15日，昌黎黄金海岸国家级自然保护区科普资料馆、生态实验室、湿地监管站综合楼建成，并投入使用。

2010年12月28日，昌黎黄金海岸国家级自然保护区被河北省科学技术厅认定为河北省首批非场馆类科普教育基地。

2011年8月，昌黎黄金海岸国家级自然保护区被国土资源部命名为国土资源科普基地。

2012年5月1日，昌黎黄金海岸国家级自然保护区科普馆正式对外开放。

2013年6月，昌黎黄金海岸国家级自然保护区被河北省国土资源厅命名为河北省国土资源科普基地。

2015年11月，昌黎黄金海岸国家级自然保护区范围调整工作获得国务院批准。

四、交流协作

目前保护区已与天津科技大学、河北师范大学、天津农学院、秦皇岛环境干部管理学院和河北科技师范学院5所院校签订了教学实习基地协议，在发挥自然保护区资源优势、培养富有创新意识和具有较强实践能力的应用型人才上面发挥了积极作用。另外保护区管理处每年还借助“世界地球日”“世界湿地日”“全国爱鸟周”“世界海洋日”等开展形式多样的科普宣传活动，以此推动海洋科普知识的宣传。

保护区是中国人与生物圈网络成员单位，每年积极参加中国人与生物圈秘书处组织的各种活动，借此扩大保护区的影响力，并推进科普宣传教育的发展。

与多所院校合作建立教学实习基地

学生实习现场

对参观群众进行科普宣讲

五、阶段成果

（1）科普场馆建设

在管理处建设了科普资料馆4000余平方米。在鱼岛景区建设了由40块科普展板组成的科普长廊，面向广大游客展示有关海洋方面的科普知识。同时在保护区内设置了大小不同类型的宣传标识牌80余块。

科普场馆内景

科普场馆内景

综合标本

宣传栏

（2）科普作品制作

拍摄了保护区的专题片《渤海明珠——昌黎黄金海岸国家级自然保护区》。出版了《昌黎黄金海岸国家及自然保护区海洋生态研究》，该作品依据 1999 ~ 2013 年间保护区科普基地的连续海洋生态监测资料，研究、评价了保护区海洋生态质量状况及其长期变化趋势，分析了区内主要生态环境问题及产生的原因，并提出相应的管理建议，在为保护区管理提供决策依据的同时，对普及海洋科普文化知识具有重要作用。

（3）门户网站建设

建设了域名为 www.hebcxly.com.cn 的保护区网站。同时保护区还是中国人与生物圈网络成员单位，每年积极参加中国人与生物圈秘书处组织的各种活动，借此扩大保护区的影响力并推进科普宣传教育的发展。

（4）科普人才建设

保护区管理处目前实有在编人数为 12 人。在加强日常科普知识学习的同时，管理处持续邀请国家海洋环境监测中心、天津科技大学、国家海洋局第一海洋研究所、河北师范大学、河北省科学院地理科学研究所的专家教授为保护区人员讲解有关海洋文化和海岸沙丘文化、自然生态环境、动植物保护等方面的知识，提高员工的综合素养。另外还鼓励员工在职攻读高一级学位，提高员工的宣教和科研水平。

六、未来蓝图

(1)科普基础设施

完善和充实现有科普资料馆，对区内所有标识牌进行维护更新，并适时增加标识牌数量。对新落成的科普展馆配备多媒体展示系统。

(2)科普人才培养

邀请国内外有关专家定期来保护区开展自然生态环境、动植物保护、现代管理等方面的科普宣教讲座，提高员工的综合素质、宣教能力和科研水平。

(3)科普专项研究

通过开展系统的、有针对性的科学研究，掌握保护区主要保护对象及其生态环境的变化情况，解决保护管理、宣传教育中面临的实际问题。

(4)科普活动策划

与京津冀各级教育主管部门合作，建设青少年海洋科普教育基地，增强青少年保护海洋、爱护环境的自然保护意识。

定期以报告会、座谈会的形式，对社区群众进行当前环境状况对于当地生活、生产造成的现实或潜在威胁的宣传与培训，使群众树立环保观念，增强群众“热爱自然、保护环境”的责任感。

组织野外科考游，推出科普游活动。由专业技术人员带领，通过主要生态旅游路线，认知自然状态下的海岸景观，各类植物、鸟类、昆虫生态习性等等，并不定期开展一些简单的科普知识竞赛活动。

与各级大型科普宣传活动互动，积极开展“全国科普宣传周”“野生动物保护宣传月”“全国爱鸟周”“森林防火”“海洋国土保护宣传日”等科普宣传活动，在保护区重点区域展览各种宣传图版，张贴彩色科普宣传画，发放自然保护宣传资料。

小贴士

黄金海岸的沙丘是怎样形成的

黄金海岸是近2000～3000年形成，由海滩、多道沙堤、风成沙丘组成的砂质岸。滦河、饮马河入海的中细砂为主的沉积物，经过波浪、潮流等海洋水动力长期搬运，分选等改造作用，建造出海滩、沙堤。滦河口外断续分布的离岸沙堤，很不稳定，它随陆源沉积物补给情况而消长：当河流入海泥沙多时，离岸沙堤向海移动；当泥沙补给少时，海洋因素起控制作用，沙堤则向陆迁移，甚至覆盖在内侧的潟湖沉积层之上。潮间带海滩，平均宽度100～150米，组成物质主要是以石英、长石为主要成分的中细砂，砂层厚，颗粒细，分选均匀，不含泥。低潮滩以外，水深5～8米范围，沿岸还分布2～3道水下沙堤，宽30～80米，高1～2米，由中细砂与贝壳碎屑组成。因它位于波浪破碎带附近，不但起着很好的消能作用，还可以保证海滩有足够的砂源供给。在平均高潮线以上，至大沙丘链之间，宽约200～300米的过渡带，分布有新老二道沿岸沙堤。沿岸沙堤再往内，便是高低悬殊的活动性大沙丘链。沙丘链内侧，有多条走向次一级沙丘与主沙丘斜交，组成单侧羽毛状沙丘链。海岸沙丘受海风吹扬作用，源源不断地得到海滩、沙堤砂的补充，高度一般不会降低。在不破坏沙堤总形态下，夏秋季滑下来的部分沙，经过冬春季大风吹扬，可能再次搬至丘顶。

河北地质大学地球科学博物馆

■ 张维婷　张丽君　吴文盛

一、基地简介

河北地质大学地球科学博物馆是集科普教育、科学研究、实验实践教学和服务社会等功能于一体的高校博物馆。地球科学博物馆于2012年成为“河北省国土资源科普基地”，2013年成为“全国国土资源科普基地”。经过博物馆全体工作人员的共同努力，博物馆还被授予“全国科普教育基地”“地学类国家级实验教学示范中心”（重要组成）“河北省省级科普基地”“河北省首批科学素质教育基地”“河北省科普教育基地”“河北省爱国主义教育基地”“省会生态科普教育基地”“石家庄市爱国主义教育基地”“石家庄市青少年科普教育基地”“石家市中小学科技创新基地”等。

各级科普基地

河北地质大学地球科学博物馆始建于1954年，具有近62年的发展历史。新馆位于河北地质大学校本部内，建于2006年，建筑本体为五层框架结构，建筑面积3080平方米。馆内收藏标本2万余件，展出8000余件，设立4个展厅。

一层为宇宙与地球厅。该厅重点展示了宇宙与地球的起源和组成、地球的外部圈层结构和内部圈层结构、大陆板块漂移学说及地球的内、外动力地质作用，充分展示了大自然的神奇与奥妙。

二层为岩石与矿物厅。该厅是我们认识岩石与矿物种类与特征的最佳场所，特别是展出有温家宝总理于2003年我校50周年校庆时赠送的他亲自采于甘肃祁连山的珍贵矿物标本、温总理为李四光地质科学奖获得者杜汝霖教授颁奖照片、李廷栋院士赠送的采自南极乔治王岛的岩石标本和采自冰岛火山的岩石标本，以及产自巴西的大型紫晶洞、黄晶洞标本和阿富汗平安玉璧。

三层为宝石与矿产厅。该厅展出有天然珠宝玉石、人工宝石和各类金属、非金属和能源等矿产标本，尤其是世界百枚名钻1∶1仿品、大个体海蓝宝石、1.32克拉的稀少宝石——塔菲石、鸡血石和大型石膏晶体。

四层和五层为恐龙与古生物厅。该厅主要展示有9条恐龙骨架和有关生命起源、生物进化各阶段的珍稀化石。其中，四层展出有国家一级重点保护化石——不寻常华北龙和杨氏天镇龙。不寻常华北龙是目前我国乃至亚洲地区晚白垩世个体最大、保存最为完整的巨型蜥脚类恐龙化石，是我校师生自主挖掘、自主修复、自主研究的一项科研成果。

二、特色资源

地球科学博物馆拥有一大批具有科研价值、收藏价值和观赏价值的标本，如不寻常华北龙、天镇龙、温家宝总理赠送的一套其在甘肃工作期间亲自采集的岩矿标本、重1.32克拉的塔菲石、大个体海蓝宝石、距今14亿年的螺旋状桑树鞍藻化石等。

此外，还有各种岩石矿物标本、珍贵宝玉石及其雕件，如水胆玛瑙、和田玉、鸡血石、直径1.1米的平安玉璧等。

天镇龙头骨化石

温家宝总理赠送的矿物标本

塔菲石（1.32克拉）

国内外罕见的大个体海蓝宝石

螺旋状桑树鞍藻化石（距今14亿年）

珍贵宝玉石及其雕件

■ 国家一级重点保护化石——不寻常华北龙

不寻常华北龙长20米，背高4.2米，头高7.5米。不寻常华北龙具有特殊意义，它不仅是新属、新种，还是新科，也是目前发现的我国乃至亚洲晚白垩世个体最大、时代最晚、保存最为完整的大型蜥脚类化石（化石真骨含量达70%），填补了我国晚白垩世时期没有完整蜥脚类恐龙化石的空白。不寻常华北龙为世界所罕见，属世界级珍宝。

不寻常华北龙

不寻常华北龙发掘现场

■ 国家一级重点保护化石 —— 天镇龙

天镇龙全身布满骨板和瘤突，尾巴末端具有沉重的尾锤。以杨氏天镇龙为代表的、保存完好的甲龙头骨和头后骨骼，为我国甲龙化石研究增加了新材料，对于进一步复原恐龙生活的场景、研究恐龙时代的食物链提供了更多依据。

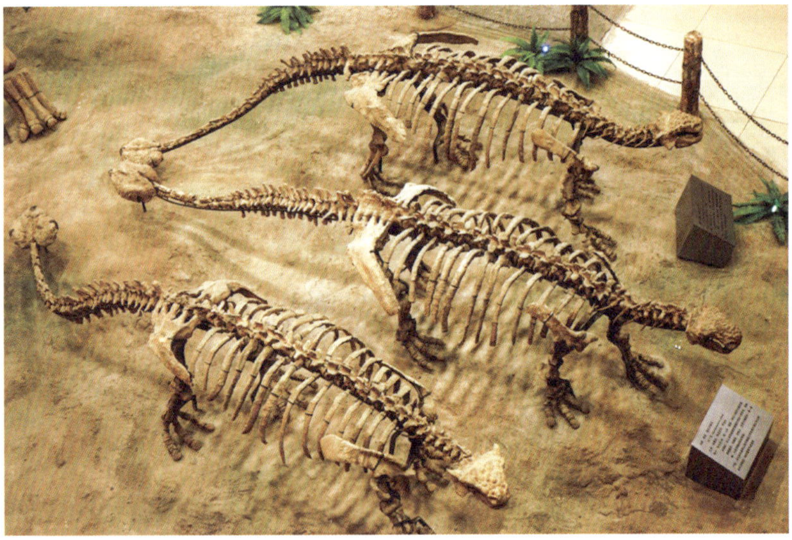

天镇龙化石骨架

三、成长历程

河北地质大学的前身为宣化地质学校，1971 年升格为河北地质学院，1996 年更名为石家庄经济学院，曾经隶属于原地质矿产部、国土资源部，2000 年划归河北省管理，2014 年成为国土资源部与河北省政府共建大学，2016 年 4 月更名为河北地质大学。地球科学博物馆为校属博物馆，前身为宣化地质学校地质陈列馆，于 1954 年开馆，馆长是新中国成立前曾任河南地质调查所所长的留美学者张仁鉴先生。当时展出面积 400 平方米，馆藏标本约 10000 块；1956 年，陈列馆由黄景民负责，展出面积扩大至 800 平方米；1963 年，由毛鹏飞负责。“文化大革命”期间被迫停馆，标本损失严重；1970 年，从原地质矿产部地质仓库调入标本约 15000 块；1971 年，宣化地质学校升格为河北地质学院后，地质陈列馆恢复向师生开放，并免费向社会开放，年平均接待中小学生约5000人次；1987年，聘崔梦龄副教授为地质馆主任；1988年，地质馆更名为河北地质学院地质博物馆，聘谢漫泽副教授为馆长；1990年，博物馆随学校迁至石家庄校区；1996年，学校更名，博物馆随之更名为石家庄经济学院地球科学博物馆，但因房舍紧张，只设有临时展馆，面积300平方米；2001年，任命杨剑平为副馆长（未设馆长）主持工作；2006年，石家庄经济学院迎接教育部本科教学评估，为了更好地展示学校特色，保护珍贵的恐龙化石、珠宝玉石和岩石矿物标本，学校决定建设一座专门的地球科学博物馆，从开工建设到布展完成仅用了不到6个月的时间，堪称博物馆建设史上的奇迹；2011年12月，学校将地球科学博物馆和钱圆金融博物馆合称为博物馆，并将原来的副处级单位升格为正处级单位，并任命吴文盛教授为博物馆馆长；2016年，学校更名，博物馆随之更名为河北地质大学地球科学博物馆。

不寻常华北龙化石临时展出

不寻常华北龙发现者之一庞其清教授进行化石研究

四、交流协作

1. 与国内外专家交流协作

2012年3月11～14日，英国伦敦大学Paul Upchurch教授与Roger Benson博士，美国南佐治亚大学Mike D'Emic博士，德国国家自然博物馆Philip Mannion博士等4位恐龙专家来我校进行学术交流与考察。考察过程中，对不寻常华北龙的骨骼和模型进行探讨，就恐龙相关的学术问题与我校庞其清教授进行深入交流。

英、美、德三国专家慕名来馆研究不寻常华北龙

2012年11月14日，国家古生物化石专家委员会国际著名专家董枝明等对我校地球科学博物馆馆藏的“不寻常华北龙”“杨氏天镇龙”“胡氏天镇龙”“程氏天镇龙”化石骨架进行了现场鉴定，并对化石挖掘原始材料和科学研究材料进行了核实。

国家古生物化石专家委员会专家鉴定我校博物馆恐龙化石

2. 科普教育活动

近年来，地球科学博物馆围绕“宣教育人”的核心任务，利用“世界地球日”“国际博物馆日”“六一儿童节”“暑期夏令营”“十一黄金周”新生入学等节假日积极组织开展各类宣教活动，全面提升科普水平。

（1）“世界地球日”活动

近年来，地球科学博物馆每年都参与或承办“世界地球日”活动，广泛宣传科普知识，宣传国土资源国情省情、法律法规，大大提高了民众“节约资源、保护环境”的意识。

第44个“世界地球日”活动现场

第45个“世界地球日”活动现场

（2）迎“六一”活动和“暑期夏令营”

“六一儿童节”和暑期是学生学习课外知识和开阔视野的好时机。每年博物馆都会与团省委、团市委系统、媒体系统、教育系统合作，举办各种科普教育活动，如迎“六一”小记者行动、山区娃省城过“六一”、农村留守儿童暑期夏令营等。

恐龙写生活动

（3）“科普大讲堂”活动

2013 年 7 月 29 日，由省文明办、省科协、省教育厅、河北日报报业集团联合主办，省文明办教育处、省科协宣传部、河北日报、河北新闻网、石家庄经济学院共同承办的大型公益活动——“科普大讲堂”暑期科普夏令营启动仪式在我校地球科学博物馆举行。“科普大讲堂”活动面向中、小学生，邀请知名专家以大讲堂的形式讲授科普知识，对推进青少年科学教育的发展和提升我省全民科学素质具有重要意义。

“科普大讲堂”暑期科普夏令营启动仪式

（4）新生入学科普教育

地球科学博物馆每年利用新生入学的机会，对来自全国各地的新生及其家长免费开放，普及地球科学知识，进行“热爱地球、保护环境”的科普教育，受到新生家长和社会各界的好评。

3. 中外文化交流

博物馆作为河北省外事办和河北省教育厅国际交流处的定点单位，每年接待大量来自国外和省外的宾客，对架设中外、省外桥梁，传播中华文化和燕赵文化起到重要作用。目前已有来自英国、美国、德国、法国、加拿大、荷兰、芬兰、韩国、日本、新加坡、挪威、俄罗斯、蒙古国、捷克斯洛伐克、罗马尼亚等 20 多个国家和台湾地区的知名专家、学者和大学生参观交流。

挪威奥斯陆大学教授来馆参观

美国宾夕法尼亚中学生代表团

4. 馆际交流

2014年以来，博物馆帮助江苏省盐城市滨海县五汛实验小学、阜宁县阜宁中学建设展览室，帮助河北省张家口市建设中国地质博物馆张家口分馆。

2014年3月26～29日，馆长吴文盛带领团队分别到西北大学博物馆、河南地质博物馆调研，参观了两馆的陈列布展及基础设施等，就日常管理、科教宣传、讲解人才培养、互动活动开展等内容与两馆馆长座谈交流。此次交流对加强博物馆之间的协作、共同探索博物馆工作起到了推动作用。

2015年10月9日，中国地质博物馆副馆长刘树臣、全国国土资源科普基地办公室主任何哲峰、办公室工作人员王妍到我馆调研交流、指导工作。吴文盛馆长汇报了博物馆的发展现状，并就目前博物馆存在的困难与刘树臣馆长进行了深度沟通。双方均表示将互相支持，建立广泛联系，促进共同发展。

此外，博物馆还经常派出讲解员到河北省科技馆进行交流学习。

中国地质博物馆及全国国土资源科普基地领导来馆指导工作

博物馆讲解员到河北省科技馆交流学习

不寻常华北龙化石临时展出

不寻常华北龙发现者之一庞其清教授进行化石研究

五、阶段成果

(1)科普媒体平台建设

编印发放科普宣传单。2010～2015年，分发地球科学博物馆宣传页8万份，并到中小学、社区、广场、超市、公园等地进行宣传，以便更好地把这些科普知识深入到广大群众中。

与多家媒体、网络平台合作。博物馆近年来与河北省国土资源厅、河北省科学技术协会、河北青年报、康辉旅行社、中电科卫星导航公司、锦绣金山旅游年卡、城市家庭关心孤儿行动等多家单位合作，实行免费开放或门票优惠，扩大了受众面。同时在“世界地球日”“国际博物馆日”“全国科普日”等节日，借助燕赵都市报、燕赵晚报、河北新闻网、河北长城网、中国新闻网等媒体进行科普宣传。

地球科学博物馆网页

科普网站建设。2014年，博物馆以便民、宣教为导向，重新制作地球科学博物馆网站（网址：http://bwg.hgu.edu.cn/），并定期更新完善网页内容。同时，博物馆建立微信公众平台，力求在网上为公众提供内容丰富、形式多样的科普知识信息。2016年暑期，博物馆着手二维码导览系统建设，届时将为游客提供自助讲解服务。

(2)科普人员队伍建设

地球科学博物馆现有专职科普人员8人，其中硕士以上工作人员占75%。河北地质大学地球科学博物馆下设博讲团，由在校学生科普志愿者组成，目前人数达 90 人。科普志愿者均具有较高的知识储备、语言表达能力和应变能力。

（3）科研成果

申请主持国家级科研项目 1 项，河北省科研项目 3 项；合作完成科研项目 3 项。其中，《地球科学博物馆科普系列丛书》获得“河北省科普展教资源开发原创与共享科普专项”资助，资助金额 6 万元。发表研究性论文 10 余篇。

（4）荣誉称号

最近 5 年，地球科学博物馆获得的荣誉称号有：2011 年，荣获“河北省全民科学素质工作先进集体”荣誉称号；2012 年，被授予“第十四届中国科协年会先进集体”荣誉称号；2013 年，被评为“2012 年优秀全国科普教育基地”，是河北省唯一一家获得年度考核优秀的全国科普教育基地；2014 年，被河北省科学技术协会命名为“首批河北省科技馆体系成员单位”；2014 年，博物馆 2 名讲解员在“全国科技活动周”组委会主办的“首届科普讲解大赛”中荣获三等奖，并被授予“优秀科普使者”荣誉称号。

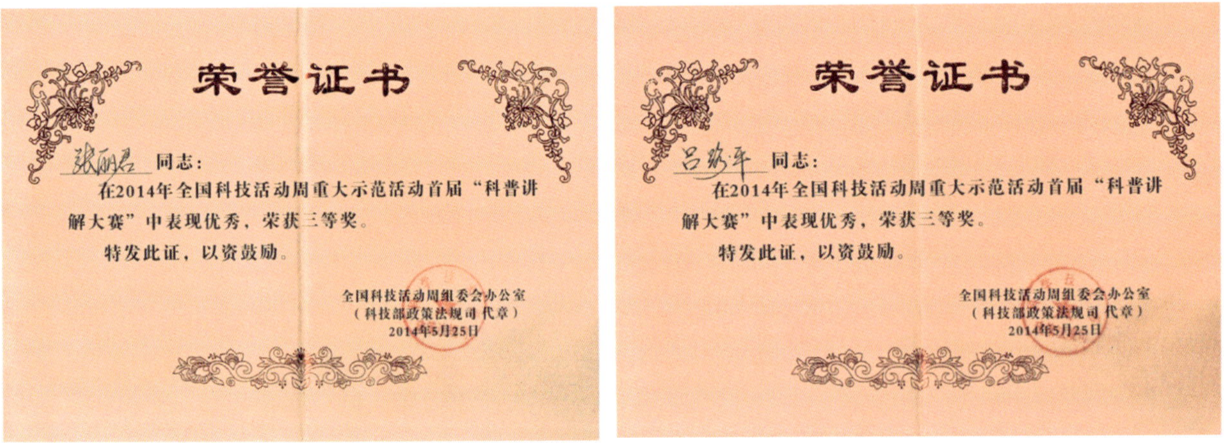

博物馆馆员荣获“优秀科普使者”

六、未来蓝图

“十三五”时期是我国全面建成小康社会的决胜阶段，也是博物馆事业加速发展的重要机遇期。河北地质大学地球科学博物馆将抓住有利时机，深化改革，确保重点，兼顾全面，使博物馆事业再上一个新台阶。

（1）总体目标

把博物馆建成为河北地质大学甚至是河北省对外宣传的重要窗口和名片，成为学校对外交往的平台，成为集教学科研服务、收藏与研究、科普宣传教育和市民休闲娱乐于一体的 AAAA 级景区。

（2）具体目标

1）“十三五”末参观人数达到 20 万人次 / 年。

2）完成博物馆新馆建设和博物馆藏品数据库建设。

3）博物馆科研人员着眼于今后科研工作的发展需求，制定具有创新性、前沿性的研究课题，取得更多的科研成果；加强博物馆科研能力建设，成立泥河湾古生物研究院，招收古生物与地层学专业硕士研究生和古生物专业本科生。

4）引进新手段、新技术，充分发挥科普宣传教育功能，开发旅游纪念品，为市民休闲娱乐提供服务。

小贴士

华北龙

河北地质大学博物馆存有恐龙化石、恐龙蛋、恐龙脚印、陨石、古植物化石、珠宝玉石等古生物化石标本3万多件，其中，有一具晚白垩纪（恐龙灭绝时期）大型蜥脚类恐龙化石，被命名为不寻常华北龙（新属新种）。

华北龙是蜥脚下目恐龙的一属，生存于晚白垩世的现今中国北部，距今约7500万年。华北龙很像后凹尾龙，是四足的草食性恐龙。

华北龙化石包括有牙齿、部分四肢骨头及脊椎，恐龙化石骨骼达70%，是用时5年才挖出来的，它填补了我国最晚期没有完整蜥脚类恐龙化石的空白；华北龙复原后身长有20米长，高达5米之多，为世界所罕见，其他国家只有零星骨骼。

柳江盆地地质遗迹国家级自然保护区科普基地

■ 路大宽

柳江盆地全景照片

一、基地简介

柳江盆地地质遗迹国家级自然保护区，位于河北省秦皇岛市北部，其中心距市区约 15 千米，盆地总面积约 240 平方千米。

区内三大岩类出露齐全，中国北方各时代地层发育完好，地层单位划分标志清楚，化石丰富多样。盆地内新太古代、中元古代、古生代、中生代、新生代地层“五代同堂”，有 24 个组级地层单位，2 个组级地层单位的建组剖面，以及集中反映区域性地质构造运动的“六大不整合面”，还有各种内外力地质作用形成的具有较高观赏价值的竹叶状灰岩、藻灰岩、千姿百态的岩溶地貌景观等。柳江盆地保护区内的地质遗迹资源集典型性、自然性、多样性、系统性和完整性于一身，享有地学研究“天然实验室”和“自然博物馆”的美誉。

该保护区是普及地球科学知识的良好场所，全国近百所高校已在此建立地质教学实践基地。柳江盆地地质遗迹国家级自然保护区由张岩子 — 砂锅店、亮甲山 — 瓦家山、黑山窑 — 大洼山、鸡冠山、沙河寨、吴庄、山羊寨等 7 个片区构成。在这些较小的区域范围内荟萃了新太古代至新生代中国华北地区在漫长的地球演化过程中的地壳运动、岩浆活动、沉积环境变化及生物进化等各种地质现象之精华，构成了独具特色的华北地台的“窗口”。

柳江盆地独具特色的地质遗迹资源和地学特征，一直成为许多院校、科研院所进行教学实践和科学研究的重要基地。据记载自1923年该区域就开始出现地学科考研究活动，特别是新中国成立后作为北方重要的地学实习基地已有近70年的历史，目前每年接纳全国各地百余所院校近两万名师生来此进行教学实践，被誉为“哺育新一代地学人才的摇篮”。

柳江盆地山脉

柳江地学博览园

柳江地学博物馆

二、资源特色

柳江盆地地学资源的资源特色体现在典型性、稀有性、系统性和完整性、优美性及科学性等方面。

典型性：具有大区域对比意义的六大不整合面和下奥陶统亮甲山组、上三叠统黑山窑组两大层型剖面；其外围，具有古今对比意义的现代海洋地质作用环境。

稀有性：柳江盆地仅有240平方千米，却包含了对追溯地质历史具有重大科学研究价值的典型层型剖面、生物化石组合带地层剖面、岩性岩相建造剖面及典型地质构造剖面和构造形迹，面积小而内容丰富，为国内罕见。

系统性和完整性：六大不整合面、五套地层、三大岩类、各种构造形迹和丰富多彩的地质地貌景观，系统而完整地记录了华北地台从太古宙晚期至今25亿年以来的地壳演化、地理环境变迁和生物进化的历史。

优美性：太古宙变质花岗岩构成了山水风光的地质背景；古生界石灰岩形成了象鼻山、溶洞等华北罕见的岩溶地貌；中生界花岗岩山体高大雄伟，陡峭险峻，形成了优美的山地景观；其外围，现代海洋地质作用形成了我国最大的沿海沙丘和潟湖，形成了各种海蚀、海积地貌景观；大自然的鬼斧神工，造就了秦皇岛“天开海岳”的惊世之美。

科学性：研究时间长，至今已达130多年；1869年，德国著名地质学家李希霍芬在柳江盆地进行煤田地质调查；1919年，刘季辰、叶良辅等建立亮甲山组层型剖面；1922年，德国地质学家马底幼在柳江盆地进行柳江灰岩、砂岩的研究。100多年来，秦皇岛丰富的地质遗迹，造就了无数地学科学家和工作者，赢得了“地学百科全书”的美誉。

六大不整合面：

层层堆叠的地层，就像记录地球历史的一部史书，按照页序层层相叠，岩层之间应该是亲密共生、和谐相处，但事实并非如此。由于地壳的构造运动，“大地史书”中的数页或数章没有了。它们可能没有“书写”，因为没有接受沉积而为张张“白纸”；也可能“书写”了，但后来被“撕掉”了，即被风化剥蚀了，导致地层之间没有连续沉积，有缺失。这种不连续沉积的地质现象，地质学家称为不整合接触。

柳江盆地及周边至少存在着6次不整合接触。透过这些不整合接触，我们可以遥想柳江盆地的桑海沧田，时空变幻。

张岩子地质遗迹（吕梁运动不整合面）

东部落地质遗迹（蓟县运动平行不整合面）

欢喜岭高地（加里东运动平行不整合面）

黑山地质遗迹（海西运动不整合面）

瓦山地质遗迹（印支运动角度不整合面）

大洼山地质遗迹（燕山运动不整合面）

板厂峪古火山口

285高地背斜

冰山刃脊

花场峪岩浆岩侵入

鸡冠山断层

窟窿山

连体冰臼

砂锅店岩溶地貌

上石炭统太原组砂岩球状风化

吴庄垭口褶曲

长寿山花岗岩蛋丘地貌

祖山花岗岩垂直节理

祖山花岗岩水平节理

沙河寨象鼻山

平顶峪古火山锥

柳江地学博物馆开馆仪式

科普基地挂牌（部分）

三、成长历程

1999年，经河北省人民政府批准建立“秦皇岛柳江盆地地质遗迹省级自然保护区”；2005年，经国务院批准升级为“河北柳江盆地地质遗迹国家级自然保护区”；2012年，被河北省国土资源厅评为“省级国土资源科普基地”；2014年，被秦皇岛市科学技术协会评为“秦皇岛市科普教育基地”；2014年，被河北省科学技术协会命名为“首批河北省科技场馆体系成员单位”；2015年，被全国科学技术协会评为“全国科普教育基地”；2016年，被河北省全民科学素质工作领导小组评为“全民科学素质教育基地先进集体”。

四、交流协作

新中国成立后60多年来，北京大学、中国地质大学、中国石油大学、中国矿业大学等百余所大专院校和科研单位在秦皇岛进行专题研究和教学实习；1982年，中国地质学会60周年大会在北戴河召开并考察了柳江盆地；1993年，第30届世界地质大会将柳江盆地作为专程考察路线；2000年，第六届国际古植物学大会在秦皇岛召开。

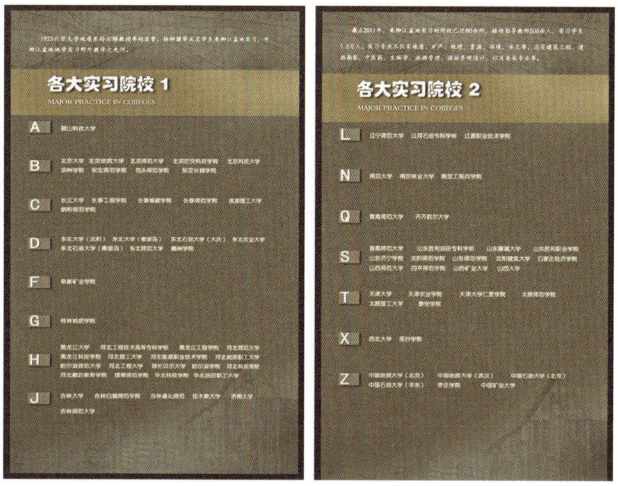

各大实习院校名单

到柳江盆地科考研究的人员层次高，有李希霍芬（德国）、翁文灏、丁文江、刘季辰、叶良辅、马底幼（德国）、黄汲清、程裕淇、张文佑、陈国达等著名专家、学者，对本区进行了开创性地地质调查工作；每年上百所大专院校近两万人次来此考察研究，这里接待实习师生，名列全国第一。柳江盆地研究成果显著，已完成1∶20万、1∶5万区域地质调查；确定金属、非金属矿产52种；完成1∶2.5万水文地质调查，这里是暑期北戴河的重要水源地；发表各类专著和论文数以百计。

实习院校基地挂牌（部分）

野外实习掠影

五、阶段成果

（1）科普场地建设

保护区管理处经过科学论证、精心筹划建设了包括有地学博物馆、国家地质公园微缩景观区、教学实习综合服务区、学术交流与专家接待区、体育运动娱乐区、现场管理站及后勤服务区等多项功能的“秦皇岛柳江地学博览园”。博物馆面积约15000平方米，分为室内和室外两大展区。博物馆室内部分分为地球科学厅、柳江盆地厅、岩矿和古生物化石标本厅、秦皇岛地质风光厅和多媒体演示厅五大展厅；室外为科普广场，由大型岩矿石标本、地质学家群雕、微缩地质景观等部分组成。以大型博物馆为核心的地学博览园集科普宣传、教学实习等功能于一体，把柳江盆地保护区科普宣传工作提升到了一个新的高度。此外，还设立了地层分界碑60块，建立大型宣传碑8处、保护区主碑1座、导向指示牌5块，使区内资源的保护等级和层次更加明确，加深了企事业单位和公民对地质遗迹资源的认识。

柳江地学博物馆一角

柳江地学博物馆——地球科学厅

（2）科研和科普作品创作

保护区管理处充分利用大专院校、生产单位等社会资源，组织完成了“柳江盆地保护区标准地层剖面研究与建立”“柳江保护区扩区范围资源调查及勘测划界项目”等研究课题，同时还广泛收集有关柳江盆地的学术著作和科研论文，为科普基地的建设和科普活动的开展奠定基础。保护区管理处还制作了柳江盆地地学博览园宣传光盘、柳江盆地地学综合博物馆模型和22块科普知识宣传展板，编写印制了柳江盆地保护区地质遗迹知识手册、柳江

编写的科普宣传材料

收集的学术著作

盆地地学博览园宣传单、柳江盆地保护区野外教学实习管理手册和印有柳江盆地保护区边界标识及相关法规的宣传页等宣传材料，并广泛收集了关于柳江盆地的学术著作和论文。

（3）科普网站建设

保护区建有宣传、展示科普内容、详细介绍保护区现状及发展规划的网站，网址为 www.ljbhq.net，包括走进柳江、柳江盆地地学博览园、地学旅游资源、柳江盆地论坛、视频专区、留言板等版块，通过文字、图片、视频等方式向社会公众全面介绍柳江盆地保护区的状况和相关的地质知识、法律法规、科研动态等情况。

柳江地学博物馆网站截图

（4）科普活动开展

积极推进与秦皇岛市教育主管部门的合作，加强秦皇岛市青少年地学科普教育，增强青少年爱护地球、保护环境的意识；继续加大对当地工矿企业和社会民众、实习师生的宣传力度，增强他们的环保意识，法律意识、创建和谐有序的管理环境。

与各级科普宣传活动互动，充分利用“世界地球日”“全国土地日”“全国科普宣传周”等节日，联合有关部门开展科普宣传，同时在“青年节”“儿童节”面对不同群体有针对性地开展专题活动，在重点区域展览宣传图板，张贴宣传画及宣传标语，发放科普资料。

“世界地球日”活动现场

六、未来蓝图

柳江盆地地质遗迹国家级自然保护区科普教育基地将围绕《河北柳江盆地地质遗迹国家级自然保护区规划（2016 ~ 2025）》，以柳江盆地珍贵的地质遗迹资源为依托，以柳江地学博览园为科普阵地，进一步完善地质遗迹保护设施和科普设施建设，加大地学科普宣传力度，提高科普宣传质量，充分发挥“国土资源科普窗口”作用，努力建成以地学科普教育和地学教学实习为主导的多层次、多功能、现代化的科普教育基地。

柳江地学博览园总体规划设计方案

小贴士

柳江盆地的构造运动简要解释

1）吕梁运动：古元古代末期（距今 1800 Ma），华北地区发生的构造－热事件，称为吕梁运动。华北地区转化为稳定的地台。

2）蓟县运动：这是根据下寒武统府君山组砾状灰岩和青白口系景儿峪组千枚岩之间的平行不整合确定的。景儿峪期末（距今约 800 Ma），华北地块上升，经受长期的剥蚀夷平，这场上升运动称为“蓟县上升”。

3）加里东运动：以英国苏格兰加里东山命名的构造运动。始于寒武纪初期，结束于志留纪末的构造发展阶段。

4）海西（宁）运动：又称华力西运动，一般是指欧洲晚古生代的造山运动，时代从石炭纪到二叠纪。

5）印支运动：一般认为，印支期地壳运动在时间上，应包括整个三叠纪期间到早侏罗世之前的地壳运动，其时限为距今 252.17Ma ~ 199.6 Ma。

6）燕山运动：一般认为燕山运动为整个侏罗纪、白垩纪期间，广泛发育于中国全境的重要构造运动。

灵寿五岳寨地质公园科普基地

■ 曹贵义

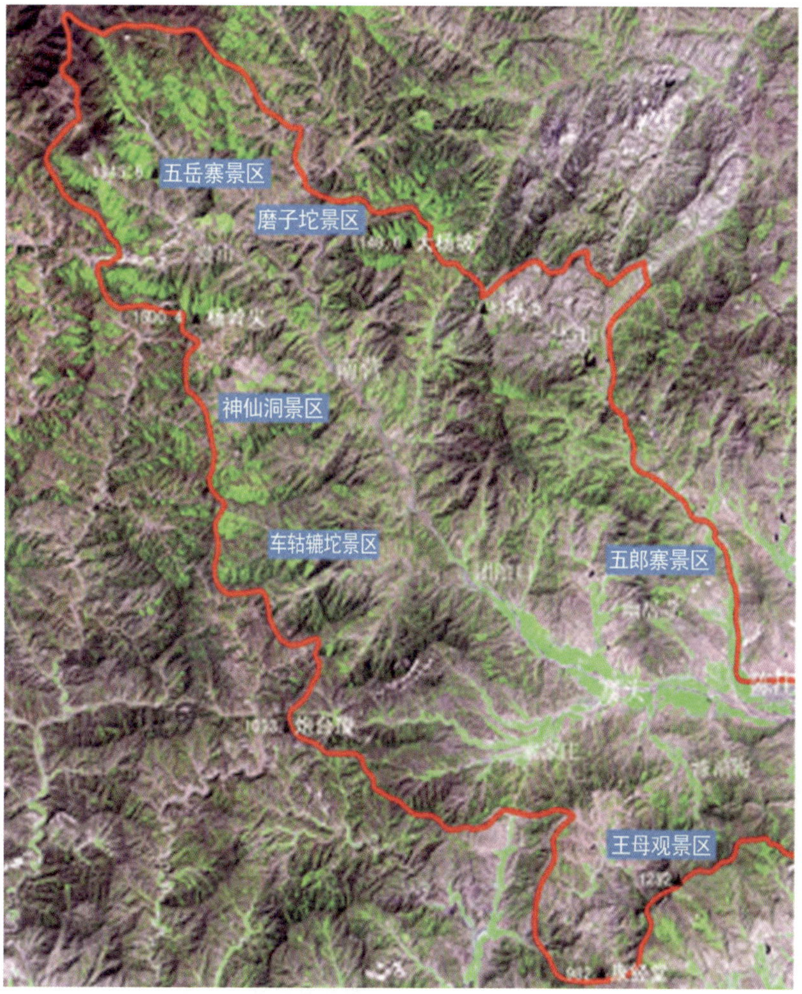

灵寿五岳寨地质公园卫星影象图

一、基地简介

灵寿五岳寨地质公园科普基地属于国土资源保护类科普基地，位于河北省灵寿县西北部南营乡境内，地理坐标：东经 113° 48′ 00″ ～ 114° 06′ 00″，北纬 38° 30′ 00″ ～ 38° 46′ 00″。园区岩性主要为片麻岩、变粒岩、角闪片岩等。由于新生代喜马拉雅运动的强烈抬升和差异断块活动，造成了低平的华北平原（海拔几十米）与高耸的太行山的强烈对比，形成了一系列相对高差较大的陡峭山峰。本公园就处在由古老变质岩基础上发育起来的断块中山地区，由于断块构造形成了景区内山地沟深坡陡、山势雄奇险秀、峡谷多而幽险的特点。公园共划分为 5 个景区（科普区）：即五岳寨核心景区、磨子坨景区、神仙洞景区、车轱辘坨景区、索家庄 — 北营台景区。

该地质公园是以太古宙变质岩组成的山岳地貌为主体，集地学科普、科考与休闲度假于一体的公园。园区保留有原太古界阜平群索家庄组、团泊口组、南营组、漫山组、木厂组标准地层剖面（现划分为陈庄岩群和湾子岩群），新生代以来反映太行山抬升的北台夷平面，第四纪冰川运动留下的刃峰、悬谷、石河等遗迹，独具特色的大理岩溶洞及瀑布等水景景观，是一座岩石古老、地质内涵丰富、环境优美的地质公园。

二、资源特色

灵寿五岳寨地质公园是省会的后花园、绝佳的科普、科教基地、重要的地质遗迹保护区；丰富独特资源条件，使其具有古、险、奇、秀、特的特色。

古：地质公园分布着距今 28 亿 ~ 30 亿年的中、新太古界阜平群，其中，陈庄岩群索家庄组、团泊口组、南营组、湾子岩群漫山组、木厂组的命名地均在园区内。这里也是太行山最古老的陆核分布区。

险：地质公园以五岳寨景区为代表的构造侵蚀作用形成的小华山险峰深峡地貌景观，可与西岳华山等媲美。

奇：地质公园蕴藏着鸳鸯石、七女峰、双塔山、玉兔峰、神猴探海、神龟迎客等象形山、象形石地质遗迹景观，数不胜数。

秀：园区顶峰南坨海拔 2280.8 米，山顶是高原草甸，山麓的白桦林、松柏林、针阔叶混交林层次分明，山谷瀑水飞溅，溪水清涟，山坡绿草茵茵，百花竞秀，酷似人间仙境。

特：地质公园内有华北最大的、最古老的变质岩系大理岩溶洞 —— 神仙洞，还有两个太古界地质剖面、古冰碛遗迹，更重要的是地质公园附近麻棚岩体周边金、银、铅、锌成矿带等都有重要的科普、科研价值。

这些独特的天然景观、丰富的自然资源为开展科普科研提供了得天独厚的有利条件。

七女峰

五岳雄峰

横湾瀑

远望彩虹瀑

连天飞瀑天上来

磨子坨横山贝的石瓮群（第六石瓮）

三、成长历程

2000年，五岳寨景区被林业部命名为“河北省漫山自保保护区、国家森林公园”，后经国家旅游局评定为AAAA级旅游景区；2003年8月25日，经河北省国土资源厅批准为河北省省级地质公园。

经过2003～2006年3年的建设，于2006年9月30日举行了公园揭碑挂牌仪式；同年10月1日正式向社会开放，承担了保护珍贵地质遗迹、开展地学科普教学实习、供广大游客观光旅游、休闲、度假的使命，为灵寿县社会经济可持续发展创造了显著的经济、环境、社会效益。

地质公园标志碑

博物馆内电子屏

第一展区

第二展区

四、交流协作

几年来，公园基地与旅游部门携手共建了科学简明的标示系统。目前已建成各类标示牌100余块，包括科普解说牌、温馨提示牌、导游指示牌、警示牌等。

加强与省内外多所高等地学院校的科技普及研究合作，吸纳更多院校到五岳寨科普基地搞教学实习，科研攻关。正在进行的课题有："五岳寨地区冰川活动遗迹研究""南营一带多金属矿床的赋存特征与成矿规律研究""中太古代变质岩系的再认识""石瓮（壶穴）地貌景观的形成机理研究"等。

合作建设的科普解说牌

科普解说碑

夏令营活动

五、阶段成果

经过2004～2006年的统筹规划建设，灵寿五岳寨地质博物馆于2006年9月30日建成并向公众免费开放。博物馆展示面积200平方米，展示内容丰富多彩，以图片、模型、标本、实物等多元化形式向公众普及地球科学知识。

为了更有效地开展科普活动，开辟了科普、科考、野外观赏路线；成立了科普基地管理办公室，配备了相应的专、兼职科普专门人员。

2009年9月，完成了《河北灵寿五岳寨地质公园规划文本》和《河北灵寿五岳寨地质公园规划编制说明书》的修编；2011年1月，地质遗迹保护项目工程通过专家组验收。

（1）科普教学实习

组织接待石家庄经济学院实习126人次，河北省地质职工大学实习260人次，其他院校夏令营及其科普活动2000多人次，中、小学夏令营活动6次共计470余人（主要为本县中小学）。

馆内放映厅

知识说明标示牌

（2）科普宣传材料

几年来，编制有关地质遗迹解读和地质环境保护等科普知识的光盘250盘，创作科普宣传材料20篇，印制科普宣传材料5000份；共发放科普宣传光盘800盘、科普宣传材料3000余份。主要内容包括：地质地貌、地质环境、地质灾害等基本知识，配以文字、图片、影音特效宣传科普知识。

（3）科普宣教活动

组织科普讲座4次，参加人数500余人。

六、未来蓝图

继续完善园区内道路交通安全措施和地质遗迹保护措施，提高工作人员素质；近期规划科研课题“河北省灵寿五岳寨地质公园地质旅游资源形成的地质背景研究”“河北省灵寿五岳寨地质公园地形地貌演化规律的研究”和“河北省灵寿五岳寨地质公园地质遗迹的地学价值研究”，根据地质公园特点，向科研单位提供冰川地貌研究、麻棚岩体周边金银多金属成矿理论研究、古老变质岩地层研究等专项科研经费支持。

学生参观地质博物馆

小贴士

断块构造

五岳寨地质构造上属于古陆太行山中段东麓，区内广泛出露中、下元古界变质岩系，由于断块构造形成了山地沟深坡陡、山势雄奇险秀、峡谷多而幽险的自然景观。断块构造是中国地质学家张文佑等于1974年提出的一种阐述大地构造规律的学说，认为岩石圈被断裂分割成大小不等、深浅不一和发展历史不同的断裂块体，由此构成岩石圈的多层、多级和多次发展的断块构造。

断裂块体按其规模和边界断裂的深度分为4个等级，即岩石圈断块、地壳断块、基底断块和盖层断块。断块边界的断裂，按其深度、规模和地球物理特征也分4个等级，即岩石圈断裂、地壳断裂、基底断裂和盖层断裂。由于地球内部热力和重力所引起的膨胀和收缩，加之外部天体的影响，地球自转变速和极轴摆动，因而产生挤压与拉张的水平构造作用力，并由此造成岩石圈的块断构造特点。沿着断块的断面产生错动，同时沿着断块的顶面和底面产生层间滑动，浅层构造受深部断块的这种运动所控制，而深层构造又受到浅层构造的影响。

岩石圈断块是最大一级的断裂块体，其边界为切穿岩石圈和上地幔软流层的断裂，其规模大致与“板块构造说”中的板块相当。地壳断块为岩石圈内部的次一级断裂块体，其边界为切穿地壳的断裂，又分3种类型：①断块，较稳定，形成于震旦纪之前，构成大陆型地壳，由深变质褶皱基底和不同时代的盖层组成，具有所谓地台的形成和形变性质。在刚性较强的基底上形变常以断裂为主，在刚性较弱的基底上形变常以褶皱为主，如华夏断块、西藏断块、塔里木断块等。②断拗，稳定性次之，形成于震旦纪以后，主要发育于大陆壳和部分过渡壳上，具有所谓冒地槽的形成和形变性质。后期褶皱和变质作用一般不强烈，线状褶曲常不明显，如祁连断拗、闽浙断拗等。③断褶，活动性强，形成于震旦纪以后；发育于大洋壳和部分过渡壳上，具有所谓优地槽的形成和形变性质。断裂发育，褶皱和变质作用强烈，线状褶曲明显，如大兴安岭断褶、秦岭断褶、喜马拉雅断褶等。基底断块为地壳内部的次一级断裂块体，其边界为一般只切穿花岗岩质结晶基底的断裂。盖层断块是更次一级盖层中的断裂块体，其边界为切穿盖层的断裂。该学说还认为，在大地构造运动的建造和构造作用下，地壳断块的性质向着固结硬化的方向发展，即由褶块转化为拗块和台块，但有时也可有相反方向的发展。

河北涞源房山世界地质公园白石山园区国土资源科普基地

■ 王继东

一、基地简介

涞源白石山国家地质公园（河北涞源房山世界地质公园白石山园区）于2001年12月10日由国土资源部批准成立，园区总面积60平方千米。地质公园位于河北省涞源县南部，包括涞源县的拒马源泉域及白石山，白石山大理岩构造峰林的原始风韵、十瀑峡的飞瀑幽潭、拒马源的绿茵珠泉构成了地质公园三大景区特色。2002 年，白石山景区被中共中央宣传部、教育部、中国科学技术协会确定为“全国青少年科技教育基地”。2006 年 9 月，白石山国家地质公园作为北京房山地质公园的一个园区成功晋升为世界地质公园。2012 年 9 月，被河北省国土资源厅命名为第一批“河北省国土资源科普基地”。

涞源白石山国家地质公园位于华北地台（板块）中部“太行山深断裂带”西缘，北东方向与燕山“台褶带”相邻。这里是李四光先生创建的“新华夏体系”的典型地区，是 2.5 亿年（中生代）以来华北“板内”的构造活动带。这一得天独厚的构造环境，造就了白石山国家地质公园独特的八大地质遗迹：一是宏大的构造节理与构造峰林的形成关系；二是距今 14 亿年前潮坪环境沉积——雾迷山组及叠层石；三是距今 10 亿年前古地震遗迹——同沉积期断层与震动坍塌巨角砾岩；四是距今 2 亿年前（印支期）的褶皱构造；五是距今 1.4 亿年前形成的巨型花岗岩岩基与后期形成的“顶盘悬挂体”；六是花岗岩三组原生节理与十瀑峡瀑布的形成；七是涞源盆地与拒马源泉群；八是丰富的矿产资源。

白石顶

二、资源特色

白石山耸立在涞源太行山最北端，有“三顶、六台、九谷、八十一峰”，主脊线长 7000 余米，主峰高 2096 米，“鬼见愁”高 2057 米，“观日台”高 2091 米，是华北平原西北隆起之龙首，几乎在涞源的任何一个角落都能看到她，登临其顶可以远眺狼牙山和五台山。

白石山下部为肉红色的花岗岩基座，中部为白色的大理岩围腰，上部为灰色塔形山峰，红、白、灰三色一体，景观独特。这里峰多成丛、壁峭、形异。峰壁大都直上直下，有棱有角，陡直壁立，似刀削斧劈。山峰形态各异，有的峰上大下小，有的倾而不倒，有的状如叠块，有的深不可测。

大理岩峰林

白石山以峰林地貌著称，其核心部位的大理岩峰林是我国唯一的大理岩峰林地貌，是一种新的峰林地貌类型，极具科研价值。我国峰林地貌众多，最著名的有砂岩峰林、石灰岩峰林、大理岩峰林等。其中，砂岩以张家界为代表，石灰岩以云南石林为代表，大理岩则是以白石山峰林为代表，白石山的大理岩峰林是全国独一无二的大理岩峰林。

白石峰墙

白石峰林

峰柱——双雄石

峰柱——太行之神

■ 叠层石

叠层石是地球上最古老的生物化石之一，为低等单细胞蓝绿藻类。它在生长过程中进行光合作用，并粘接周围的灰泥、灰沙，形成亮暗相间的纹层，暗层富含藻类和有机质，亮层以灰沙、灰泥为主，是一种生物沉积结构。

水平叠层石

白石山有水平叠层石、波状叠层石、半球状叠层石、柱状叠层石。水平叠层石是蓝绿藻类粘接灰泥、灰沙形成亮暗相间的水平纹层；波状叠层石是蓝绿藻类粘接灰泥、灰沙形成亮暗相间的波状纹层；半球状叠层石是表面半球状不相连，纵切面为柱状，形成于水流冲刷作用较强的滨海（潮坪）潮间带环境；在平面上，柱状叠层石呈一个个孤立分布的馒头状，在纵剖面上为孤立的圆弧面上凸的柱状，形成于滨海（潮坪）水流冲刷作用较强的潮间带。

半球状叠层石

波状叠层石

■ 含沥青质白云质大理岩

在14亿年前的海水中Ca、Mg含量丰富，海水中pH（酸碱度）≥ 9，为碱性环境，可沉淀形成白云石。当白云石沉淀后，SiO_2聚积形成了各种带状、结核状和不规则形状的燧石。

由于岩浆侵入，含燧石条带（结核）的白云岩，受热变质，成为白云质大理岩或大理岩。含沥青质白云质大理岩是由于白云岩中含有机质，有机质主要是藻类死亡后埋藏分解而出，进而演变成沥青。

含沥青质白云质大理岩

燧石结核与燧石条带

岩石中的燧石结核，是由于古生物碎屑吸附海水中的 SiO_2，经过化学作用后沉积而成，当其呈团状单独在地层中时被称为燧石结核；当其在地层中呈大片分布时，在垂向的剖面中就呈带状分布，因此被称为其燧石条带。

燧石结核

燧石条带

雾迷山组

雄伟壮丽的白石山构造峰林，其主体地层称为“雾迷山组”，生成于14亿年前的滨海潮坪环境，雾迷山组名称来源于天津蓟县的雾迷山。北京周边许多旅游胜地的山峰都是由雾迷山组“构筑”而成，如京东大峡谷、十渡、野三坡、荀各庄等。其主要岩性为燧石条带（或燧石结核）白云岩。

水平状雾迷山组

崩塌体

重力崩塌体组合，具有较高的美学、旅游观赏价值，一定的科普价值。

崩塌体组成的壮丽景观

重力崩塌

■ 断层（古地震遗迹）

断层是指岩石破裂后，两侧岩石发生显著的相对位移。断层大小不等，大的断层可纵贯整个岩石圈，水平可绵延几千千米。断层为 14 亿年前的古地震遗迹。

断层

断层景观

■ 双层结构

白石山整个山体呈现出“双层结构”，白石山体“底座”为肉红色燕山期花岗岩（距今 1.4 亿年），是王安镇巨型花岗岩基的西延部分：上部（即“顶盖”）为白色的、产状近水平的中元古界蓟县系雾迷山组燧石条带白云岩（距今 14 亿年），又称为“顶盘悬挂体”。该结构约占 26.4 平方千米，厚度超过 1000 米，具有较高的科研与科普价值。

双层结构（上层为白云岩，下层为花岗岩）

■ 层理、层面

沉积岩在形成的时候，由于成分、颜色和结构（物质的结合方式）在垂直于沉积物质表面方向上的变化而显示的一种成层现象，称为层理；不同性质的沉积层的分界面，称为层面。园区内分布典型的沉积岩层理、层面，具有较高的科研与科普价值。

层积岩层面

层积岩层理

■ 涞水源

涞源县境内，已知泉眼102处，流量大于2升/秒的有30多处，涞源的泉之多、出水量之大，在缺水的华北地区是首屈一指的。诸泉之中以涞源县城的拒马源泉群为代表，拒马源泉群是拒马河的源头，也是拒马河的主要水源。大量泉水从涞源县城一带冒出地面后汇聚形成了拒马河，流经易县紫荆关、涞水县野三坡、房山十渡，最后归海河至渤海。它从西向东流入华北平原，长达70千米，是发源于河北省唯一不断流的河流。拒马源泉群因水温与外界温差大而雾气蒸腾，因此拒马河也是中国北方最长的不结冰的河。

拒马河

三、成长历程

白石山由于特殊的地质结构、优美的自然风景和人文历史，1990年被河北省人民政府批准为省级风景名胜区；1995年通过国家风景名胜区评审；2001年12月由国土资源部批准为河北省首批三个国家地质公园之一；2002年被中共中央宣传部等4部委公布为全国青少年科技教育基地；2005年12月被国家林业局评定为国家森林公园；2005年12月被国家旅游局评定为AAAA国家旅游风景区；2006年9月，在第二届世界地质公园大会上，成为由华北地区两省市三区县共同创建的中国房山世界地质公园园区，并正式获得联合国教科文组织批准并授牌；2011年河北省国土资源厅评审命名为省级国土资源科普基地。

四、交流协作

与石家庄经济学院、邯郸学院合作，把白石山作为教学实习基地。每年暑假接待来自石家庄经济学院、邯郸学院的学生开展教学实习活动。

教学实习现场

向群众发放科普宣传资料

与涞源县的中、小学校建立固定的入学教育定点单位关系，利用每年两个学期开学的时机，定期开展中小学入学教育等社会化国土资源科普活动。每年新学年开学都接待涞源一中、涞源二中、涞源县职教中心、涞源县第一小学等学校的新生开展入学教育活动。

配合各级政府及基层主管部门开展国土资源专项科普活动。根据“世界地球日”“全国土地日”“科技活动周”“全国科普日”等活动主题每年组织不少于10次主题科普活动，使科普受众每年超过5万人次以上，并以每年10%的速度增长。同时结合省、市、县的“科技周”“科技节”等大型科普活动，积极举办国土资源主题科普活动，保证在活动期间对公众实行免费开放。

每年组织不少于5次的国土资源科普报告、讲座、影视观摩等教育活动，不少于5次的面向青少年的科学实验、竞赛等科普实践活动。

白石山科普教育夏令营活动

五、阶段成果

（1）科普场馆建设

目前白石山国家地质公园建有地质公园博物馆、野花坡地质科普广场、地质科普长廊等场馆；开发地质科普线路3条，分别是白石山东山、西山线路和十瀑峡线路；线路均设立地质科普说明牌，有专、兼职科普工作开发人员55人，为开展科普活动提供了保障。

白石山地质博物馆

白石山地质博物馆面积为1000平方米，展示手段先进，展示内容齐全，并配有专门的放映厅和5名专职工作人员。地质博物馆采取展板、模型、影视、声、光、电等多种展示手段向游客展示涞源白石山的神奇与奥秘，同时馆内设有触摸屏电脑等高科技数字化查询系统，更加方便公众了解、学习地学知识，达到普及地质科学知识的目的。博物馆免费向公众开放，其展示内容主要为：地球基础知识、白石山地区地质学知识、涞源地质公园周边的自然环境、历史人文、风俗习惯及白石山国家地质公园建设历程等有关主题和近年来白石山国家地质公园的科学研究成果。

地质遗迹厅

地质遗迹厅

拒马河源厅

矿物岩石厅

生态环境厅

人文历史厅

（2）科普作品编制

地质公园已出版的宣传作品有《中国白石山》《涞源任你游》《涞源县白石山导游手册》《行走涞源》《涞源白石山》等地质公园科普出版物及涞源旅游宣传折页等宣传材料，并按照中国房山世界质公园管委会和中评估要求印制了《中国房山世界地质公园导游手册》《中国房山世界地质公园画册》《中国房山世界地质公园科普系列读物》及中学生科普读物、小学生科普读物和8岁儿童科普漫画。其中《涞源白石山》被评为“2015年国土资源优秀科普图书”。

（3）科普游线开发

目前地质公园内已完成的地学科普步行线路共有4条，总长度约18千米，分别是：白石山双雄石线路、白石山佛光顶线路、白石山飞狐峡线路、十瀑峡线路，各线路均配置了丰富的地质科普说明牌。

六、未来蓝图

未来5年，将从以下两个方面加快建设，实现科普基地的大发展。

（1）硬件设施方面

一是对白石山国家地质公园博物馆进行升级改造，使其展览展示手段更加先进，内容更加丰富并通俗易懂，承办大型科普宣传活动的能力更强；二是改建地质公园游客服务中心，提高公园接待能力，加强地质公园宣传力度，提供更完善的服务与科普宣传作用；三是在原有科普线路的基础上再开辟新的地质科普线路，完善每条线路的标识系统，做到内容、材料及时更新，起到更好的科普效果。

（2）软件建设方面

一是加快白石山国家地质公园的科学研究步伐，加大资金投入力度，开发新的科研成果，为科学普及提供更多更准确的依据；二是加强与地学相关院校的联系，5年内争取与10所以上高等院校签订实习基地协议；三是加快公园和科普基地科普读物编写速度，聘请高等级资质单位编写具有白石山地质公园特色的、适合各年龄层的科学普及读物。

小贴士

雾迷山组

1934年，高振西等命名“雾迷山灰岩”，命名地点位于天津蓟县城北东9千米处的苏家峪。1959年，第一次全国地层会议改称“雾迷山组”，现称“蓟县系雾迷山组”。

该地层为一套富镁的巨厚碳酸盐岩建造，以韵律性明显、富含燧石、叠层石和微古植物为其特征。底部以巨厚层燧石条带白云岩底面与下伏杨庄组呈整合接触。分四段，总厚度3340米。一段：下部为灰白色中厚层含粉砂泥状白云岩与含燧石条带白云岩，夹纹层状沥青质白云岩为主的韵律层；上部主要为灰色、深灰色中层及厚层含燧石条带粗晶白云岩、沥青质白云岩，夹灰白色厚、巨厚层含粉砂微晶白云岩（842 米）。二段：下部由灰白色厚层燧石细晶白云岩、沥青质纹层状白云岩及叠层石白云岩、燧石层组成韵律层；上部由灰白色页片状含泥及粉砂微晶白云岩、杂色厚—巨厚层粗晶含灰白云岩、深灰色纹层状沥青质白云岩、燧石条带白云岩及黑色燧石岩组成韵律层（755 米）。三段：底部为紫红色厚层含粉砂微晶白云岩；下部由灰色、浅灰色含粉砂微晶白云岩、含灰白云质砾岩、微晶灰质白云岩、黑色燧石条带和燧石层构成韵律层；上部深灰色厚层微晶灰质白云岩，含灰白色硅质条纹和条带；顶部有鲕粒白云岩、微晶灰质白云岩及紫红色中层碎屑微晶白云岩（877 米）。四段：底部为灰白色白云质砂岩；下部为灰白色含灰粗晶白云岩、深灰色燧石条带白云岩、沥青质白云岩、叠层石白云岩；上部为浅灰色燧石条带白云岩；顶部为巨厚层叠层石白云岩（862 米）。该组层理一般平直或微有起伏，有时可见斜层理、波痕，层面可见干裂等。雾迷山组广布燕辽地区。燕山北段兴隆—平泉一带，厚度减薄，上部地层时有缺失；西段：厚度显著变薄，仅为蓟县的三分之一，底部砂泥质较高，微晶白云岩发育；东段：自唐山东北开始，厚度明显减薄，多为薄层至中层微晶白云岩，偶见叠层石白云岩。辽西区：在凌源、建昌、朝阳、喀左、义县、北镇和阜新等地均有出露，岩性基本稳定，以中—厚层白云质灰岩及燧石白云质页岩为主，底部以一层石英砂岩或石英角砾岩与下伏杨庄组呈整合接触，厚度则变化较大，朝阳厚达 5427 米，锦西、凌源均在 3000 米左右，而建平最薄，仅 2000 米。凌源产叠层石和微古植物。

邢台峡谷群国家地质公园科普基地

■ 曲彦荣

一、基地简介

邢台峡谷群国家地质公园科普基地，位于河北省邢台市邢台县路罗镇贺家坪村，东距邢台市区 65 千米，园区总面积 271.04 平方千米，包括峡谷群、九龙峡、天梯山和云梦山 4 个科普园区。峡谷群园区是地质公园的主园区，由 24 条峡谷组成，其中峡长 1000 米以上的达 8 条，游览面积 17.03 平方千米，横跨山西台隆和华北断拗两大构造单元。强烈的构造隆升和多种地质作用造就了邢台规模宏大、纵横交错的峡谷群。峡谷群园区有三奇：一奇谷底狭深，二奇峡岸壁立，三奇成群出现，并有连绵 10 余里的清潭飞瀑及上万亩的原始次生林。峡谷群具有狭长、陡峻、深幽、赤红、集群五大特点，成为“八百里太行”一大奇观，被专家誉为“世界奇峡”。这里的峡谷发育在长城系红色石英砂岩中，地层厚度大，跨越的地质时代长，是太行山中部地区的典型代表，是对太行山中部自然地貌及地质科学研究的最佳场所。丰沛灵动的瀑布景观及气势恢宏的锅穴系统，彰显出科普基地独特而稀有的流水侵蚀地貌特点；丰富而典型的沉积构造，真实地记录了地球十几亿年的海陆变迁历史。公园内岩溶类型丰富，地表、地下岩溶相得益彰，体现了典型的北方岩溶特点。这些景观既有北方山岳的雄伟气势，又具有南方山水之秀美，不仅具有极高的美学观赏价值，也具有重要的科学研究价值。这里是探索峡谷地貌成因、追溯地质发展历史的百科全书和天然博物馆。

2011 年，峡谷群依托优质的地质资源，被河北省国土资源厅命名为“邢台峡谷群国家地质公园国土资源科普基地”。该科普基地由室内科普展厅、科普标识系统、科普长廊与旅游专线等组成。科普展厅与地质旅游线路的建设对于发展地方经济、恢复生态环境、普及科学知识都具有十分重要的现实意义。

鸟瞰大峡谷

二、资源特色

邢台峡谷群国土资源科普基地位于冀晋交界处的中低山区，在大地构造上处于山西台隆东部太行拱断东区的赞皇穹褶束南部，太古界和早元古界变质岩构成褶皱基底，上覆由上元古界长城系常州沟组红色石英岩构成的准盖层，厚度达 400 多米。其上寒武系紫色页岩、石灰岩仅在海拔 1400 多米以上的山顶出露，与长城系石英砂岩呈平行不整合接触。石英砂岩与灰岩倾向北西，倾角一般为 3° ～ 5° 。该园区海拔 620 ～ 1750 米，山势起伏，沟壑纵横，冲沟发育，陡崖遍布，地形较为复杂。区内出露的地层，由老至新主要有中太古界赞皇群，长城系常州沟组和第四系。景区内除西部省界附近出露狭窄的寒武系灰岩之外，几乎全是红色石英砂岩。由于地壳抬升幅度大，流水切割深，400 多米厚的石英砂岩层基本切穿，岩层出露完整。因此，这里的嶂石岩地貌景观，不仅类型多，而且十分典型。其类型包括：正地貌有塔状山、平顶山、栈阶与断壁山崖及少数的孤峰、石柱等；负地貌有发育最完整、十分典型的嶂谷（即峡谷）、大裂隙（大劈缝）、额状岩、石瓮、潭坑及风蚀壁龛等。

峡谷群特有的地理位置赋予了其独特的地形地貌，从长城系到第四系都能找到代表的岩层，具有较高的研究价值和旅游价值。

长嘴峡

■ 长嘴峡

位于峡谷群景区的入口处，形似长嘴状。峡谷长 800 多米，宽 10 ～ 20 米，高 70 ～ 80 米。峡谷中溪水潺潺，凉风习习，是夏季避暑的好地方。往两侧山崖上，岩石都是红色的，因为这里 16 亿年前是浅海环境，在红色石英砂沉积后，经燕山运动，使山体形成皱褶，又经千万年的流水切割、侵蚀，形成今天奇特的地势地貌。

■ 黄巢峡

黄巢峡为主峡谷，长约 4000 余米，深约 200 米，有 8 条尚未开发的峡谷与其相连，它是整个峡谷的链锁。黄巢峡两壁的岩石为长城系石英砂岩，各种层理发育良好，如羽状、槽状交错层理等。黄巢峡系燕山运动产生的大型垂直节理裂隙，后经水流的冲蚀、新构造抬升作用等，使河谷不断下切、裂隙不断垂直扩展加深，最终形成现存的嶂谷地貌，具有极高的美学价值、观赏价值和科学探险意义。

■ 孤峰

其岩性为长城系石英砂岩。它的形成与构造运动形成的节理有关。岩石沿构造节理面坍塌，同时伴随雨水侵蚀、风化，最终形成现今的孤峰，如神鹰岩、猿人头等。

黄巢峡

孤峰

流水峡

■ 流水峡

长 3600 米，高 70 米左右，宽 15 米不等。峡谷中环境优美，原始生态保持良好，河水中有野生螃蟹、鱼等。在剖面形态上，流水峡两壁略呈“V”形，它的形成与地壳的抬升、构造节理裂隙的发育、岩石性质、水流大小、侵蚀强度等有关。

■ 朱汇峡

长约 2000 米，深 10 ~ 20 米。峡谷内植物繁茂，曲径通幽。峡谷出口处的岩石成层性较差，多呈块状，节理非常发育，岩石颜色由入口处的红色变浅变白。谷底发育类似河流阶地，阶地堆积物为各种碎石和卵石，堆积物底界离谷底约 1.5 米。它是峡谷正切过程中地壳抬升的证据。

■ 神鹰峡

因峡口神鹰岩而得名，此峡曲径通幽，重重滴翠，层峦如画。

■ 飞泉瀑布

飞泉瀑布上段，水流将砂岩旋蚀成瓮状锅穴，水流湍急，蔚为壮观，瀑布落差 38 米，沿裂隙瀑布向源侵蚀达十几米。

■ 擎天柱

位于黄巢峡上段，柱高 80 米，直径 5 米左右，它就像一根石柱屹立于峡谷中间，高耸入云，让人望而生畏。擎天柱的形成与 3 个不同方向发育的节理有密切的关系。经长期沿节理方向的风化剥蚀，并伴随着岩层的坍塌，最终形成现在的石柱。

■ 大型冲刷填充构造

主要是由于河流的冲刷侵蚀和沉积作用而形成，较强的水流经松软的细粒物表面时，侵蚀冲刷出沟槽，并在随后的沉积作用中充填碎屑物质。

■ 包卷层理

发育在太古宇片麻岩中，它是一种形态复杂扭曲构造，主要是由于沉积物未固结时的液化作用所造成；包卷层理内的纹层虽强烈褶皱，但仍非常连续，无断层、滑动及角砾化现象。

朱汇峡

神鹰峡

飞泉瀑布

擎天柱

大型冲刷填充构造

大型板状交错层理

包卷层理

■ 大型板状交错层理

发育于长城系红色砂岩中；纹层组界面相互平行，纹层倾向相同，纹层组厚度约 70 厘米，纹层倾角约 23°。它代表了单向强水流的条件。

■ 双向交错层理

峡谷群景区内十分发育，又称羽状交错层理或鱼状交错层理，是指两个相邻的交错纹层组中的前积纹层倾向相反。

■ 干涉改造波痕

由于水流和波浪作用的强度、方向、先后次序不同，导致了各种复杂的形态。

■ 水流波痕

为单向水流作用在沙床表面所产生的波痕，反映了水体较浅、单向水流较强的沉积条件。

■ 双脊波痕

是较为典型的改造波痕，由于水流和波浪作用的强度、方向、先后次序不同而形成。双脊波痕常出现于前滨或潮间带，是很好的判别沉积环境和古水流方向的标志。

■ 大型斜层理

是由一系列与层面斜交的细层组成的层理。细层的层理向同一方向倾斜并大致平行，与上下层面斜交，在垂直水流方向的剖面上，纹层组界面大致平行或斜交。

双向交错层理

干涉改造波痕

水流波痕

双脊波痕

大型斜层理

三、成长历程

邢台峡谷群旅游区于2001年开发建设，2002年5月1日正式对外开放。景区内地质遗迹资源丰富，自然风光优美，人文历史悠远厚重，是一处天然的地质博物馆。凭借其天赋的地质资源，2008年10月，景区被河北省国土资源厅批准建立省级地质公园；2009年7月，省级地质公园揭碑开园，同时科普展厅免费对外开放；2010年，被国家旅游局评定为AAAA级旅游区；2011年，被河北省国土资源厅评为省级国土资源科普基地，同年12月，被国土资源部批准为国家级地质公园；2013年10月，被住建部公布为第八批国家级风景名胜区。

四、交流协作

1）每年利用“六一”儿童节、寒暑假期与各院校对接，免费对其开放。同时邀请地质院校的师生，共同开展野外探测、标本采集、野外地质探险等活动，使大家既在实践中得到了深层次的交流、认知与提高。

2）充分利用“地球日”“土地日”“全国科普宣传周”等节日，联合有关部门开展科普宣传；同时在“青年节”“儿童节”面对不同群体有针对性地开展专题活动，在重点区域展览宣传图板、张贴宣传画及宣传标语、发放科普资料，加深受众对地学知识的掌握，从而达到认识地球和科学改造地球的目的。

3）随着地质科普活动的开展，地质博物馆每年吸引10万余人次前来参观，且呈逐年递增趋势，实现了地质科普知识经常化、百姓化、社会化。

4）充分利用峡谷群科普基地和展厅资源，很好地发挥了社会服务、科普教育、科学研究的功能，为前来园区进行科考旅游、教学实习活动的人员提供了科研平台，为省内外中小学生提供了地学科普知识学习的场所，对促进经济发展方式转变和科学文化事业的发展都具有重要的现实意义和深远的历史影响。

五、阶段成果

（1）科普基础

区内，目前的科普基础一是以地质实物标本和对地质构造形成过程进行说明的展板为载体；二是以国家地质公园的地质遗迹保护说明牌和地质说明牌为载体；三是以地质游线为载体进行地学知识的普及。目前客源以北京、天津、山东、山西和河南为主，即周边500千米以内的潜在客源都有可能成为地质科学知识普及的受众。

1）建设地质游线2条，设重点科普点16处，完成各类科普解说牌70余块。

2）新建地质科普展厅1处，建筑面积800余平方米。主要分为4部分。第一部分是科普展板。展板一部分展示地质公园和地质遗迹的概念、国家地质公园发展历程、公园的自然地理和社会文化背景概况、区域地质演化历史、主要地质遗迹和地质遗迹类型与分布、地质科学背景、形成演化机制、历史文化景观等。第二部分是地质遗迹实物标本。首先以本区地质遗迹实物标本为主，包括水浪波痕、浪成波痕、干涉波痕和改造波痕、泥裂、交错层理、板状交错层理、双向交错层理、槽状交错层理、楔状交错层理、包卷层理、冲刷填充构造等，将各类岩石标本采集并摆放于展厅，每块均注明采集地与时间，并附上相关地质知识说明。其次是沿地质科普路线设置地质遗迹解说牌，以激发广大青少年和旅游者热爱大自然和保护地质遗迹的责任感。第三部分是多媒体展示。一是聘请专业单位拍摄制作“太行山孕育的地质奇观——邢台大峡谷”地质科普宣传片，进行循环播放宣传；二是利用声、光、电等手段，模拟太行山地质面貌形成过程，以直观形式让游客了解太行山沧海桑田的变迁历史，为科普活动的开展打造了良好的平台。

3）为了更好地普及地学知识，景区已完成地质博物馆设计，计划明年开工建设，以更快发挥博物馆的各项作用。

（2）科普成果转化

1）依托科普展厅，借助“地球日”“环境日”，举办全国中小学生“邢台山水征文、摄影比赛”“科普笔会”等活动，普及本公园地质知识，不断提升本公园知名度。

2）以科普展厅为载体，每年春季、秋季分别组织邢台市及周边地区的中小学生，开展“峡谷地貌成因”“锅穴的形成”“红色石英砂岩中的秘密”等专题科普教育活动。

3）依托科普展厅，在公园内建立青少年地质科普教育基地。开展地质公园地质地貌景观及成因、地质遗迹景观形成及其演变、地质遗迹资源开发及保护等相关基础知识普及活动；开展邢台峡谷群地质科普知识教育。在公园内设立地质公园夏令营、冬令营，面向邢台市及周边的中小学生开展地质科学知识普及活动。

4）以科普展厅为依托，以精品地质地貌为载体，设定专题科普路线。

路线一：长嘴峡 — 神鹰岩 — 水流波痕 — 干涉改造波痕 — 双脊波痕 — 飞泉瀑 — 双向交错层理 — 流水峡千层岩 — 大型冲刷填充构造；

路线二：竹会峡 — 索道顶部 — 黄巢峡 — 燕尾峡 — 槽状交错层理 — 石柱 — 浪成波痕 — 结核 — 猿人头。

5）面向普通游客，出版满足不同年龄和文化层次人群需求的科普读物，开展各种地质科学相关专题科普活动；举办以长城系红色石英砂岩、峡谷地貌、地质构造遗迹为主题的展览、主题日、旅游节等活动。

六、发展蓝图

1）地质博物馆是游客们认识、感知和研究地貌的重要窗口。目前，我国还没有一个集中展示太行山山脉的地质展厅，峡谷群未来博物馆将规划设立展示厅、陈列厅、演示厅、接待休息厅和游客服务中心五个功能区。内设地球厅、地球构造厅、矿物岩石厅、古生物厅、地质地貌厅、国土资源厅和关怀厅七大部分，将集中展示峡谷群园区的各类地质标本、太行山地质文化。目前已经完成了展厅的设计和基础工作筹备。项目建成后，将使每年十万乃至数十万的游客接受直观的地质科普教育，使一大批青少年的综合素质得到有效提高，对激发游客珍惜地质资源、保护地质环境意识有十分重要的作用。

2）完善地质公园网站建设，充分利用官方平台进行宣传，不断完善科普宣传体系。

3）加大对科普人员业务培训，举办地球科学基础知识培训班，重点对博物馆讲解员进行综合培训。组织工作人员到其他地质博物馆学习科普宣传的经验和方法，全面提高管理人员的工作能力。

小贴士

流水侵蚀地貌

经流水侵蚀作用形成的地貌，如峡谷、瀑布、黄土高原的千沟万壑、锅穴系统都叫做流水侵蚀地貌。流水侵蚀可分为风化、溶解、磨蚀、浪蚀、腐蚀和搬运作用，分布广。

流水有三种作用，即侵蚀作用、搬运作用和堆积作用。侵蚀作用又分为下蚀（下切）、旁蚀（侧蚀）与溯源侵蚀（向源侵蚀）三种；下蚀指流水及其挟带的砂砾等对谷底的侵蚀，其结果使谷底加深；旁蚀指对谷地两侧的侵蚀，其结果使谷坡后退，谷地展宽；溯源侵蚀系指向源头的侵蚀，其结果使谷地伸长。下蚀、旁蚀与溯源侵蚀是相互联系、同时进行的。下蚀表现为河谷，如三峡主要受流水下蚀影响而形成。旁蚀主要表现为河道变宽，如亚马孙河下游、尼罗河下游。溯源侵蚀表现为河流上游河口和源头受侵蚀，如黄土高原。

流水侵蚀与冰川侵蚀不同，冰川侵蚀作用是指冰川及其挟带的岩石碎块对冰川基岩的破坏作用。冰川的侵蚀方式主要分为拔蚀作用和磨蚀作用两种，均是冰川对基岩的机械破坏作用；另外还有冰楔作用和撞击作用。

河北海盐博物馆科普基地

■ 孙德昌

一、基地简介

河北海盐博物馆科普基地位于河北省黄骅市，是在黄骅市博物馆的基础上发展建设而成，挂靠于黄骅市博物馆，于2009年10月25日正式开馆。河北海盐博物馆是河北省内首家盐业博物馆，也是目前国内盐业博物馆中资料最为丰富的博物馆。该馆以全国各地的盐业资料为基本展示内容，以“翔实的内容，艺术的构思，高科技的手段，互动的参与，精美的场景”为特色，注重科学性、人文性和趣味性，寓教于乐；以多种高科技的技术手段为支撑，生动地再现了我国自4000多年前就开始的盐业生产和盐民生活的多层文化全貌。展览展示了海盐、湖盐、井矿盐等盐种，以及盐与人生活等相关的内容，通过运用三维、动漫、场景复原等多种形式，运用声、光、电多媒体技术，突出观赏性、互动性，体现高科技化、艺术化、个性化、人性化，以实物展览为主，以电脑喷绘、灯箱、图片、雕塑、场景、模型、影视播放、多媒体等手段为辅，合理利用现代材料，恰当地运用灯光的渲染作用，突出中国盐业的辉煌成就，展示盐业在国民经济和人民生活中的重要作用。

二、资源特色

全国目前共有 3 个盐业类专题博物馆，分别是江苏盐城中国海盐博物馆、四川自贡盐业历史博物馆和河北海盐博物馆。黄骅市产盐历史悠久，自古有着“鱼盐之利雄天下”的优势，是沧州长芦盐场的主产区，长芦盐场是我国海盐产量最大的盐场，约占全国海盐总产量的四分之一。黄骅市内拥有“国保”单位海丰镇古制盐遗址，曾有“万灶青烟皆煮海”的盛况，是当时长芦盐场煮盐的基地。

（1）河北海盐博物馆

河北海盐博物馆作为河北省内首家盐业博物馆，占地 8 亩，展厅面积 2600 多平方米，常设展厅有序厅、“华夏盐踪”展厅、“当代盐业”展厅、“神奇的盐”展厅和一个 800 平方米露天互动平台。

序厅

序厅通过浅浮雕的形式，分阶段着重讲述了我国 4 个主要盐种有关的传说、故事，并展示了我国盐业历史上的 20 件大事和当代盐业分布情况。

“华夏盐踪”展厅从盐业考古说起，逐渐展示了我国盐业生产从煮海水到晒制的发展历程，纷繁复杂的历代盐政、盐战，丰富多彩的盐文化等内容。通过海南砚晒、浙江板晒、长芦滩晒、芒康晒盐、乾隆下江南等场景，利用先进的多媒体技术，如电子翻书、三维动漫等，形象地再现了我国古代盐业生产的盛况。

金属器煮盐场景

长芦滩晒场景

“当代盐业”展厅展示了中国当代各个盐种的生产状况，重点展示了全国各主要产盐省份、主要盐场盐业生产和盐化工等内容，以及各地大量的盐产品、盐化工产品。

“神奇的盐”展厅以人文关怀为重点，突出盐与人的关系，重点展示了盐在人类生活中的各种用途，如盐的妙用、盐与美容等相关内容。展厅内还展出了大量盐的衍生产品，让人耳目一新，同时切身体会到盐的无尽用途和真正魅力。

“当代盐业”展厅

“神奇的盐”展厅

海洋生物展厅

（2）黄骅市博物馆

黄骅市博物馆海洋生物展厅内“海洋珍奇生物展”设计新颖，构思精巧，内容丰富，集趣味性、知识性、互动性于一体，设置了海洋生物电子图书馆、游戏互动区、珊瑚群区等；展出鱼类标本100余种，龟类3种，贝壳200余种，海藻40余种。

三、成长历程

河北海盐博物馆起初只是黄骅市博物馆的一个盐业展厅，后来随着文物不断增加、陈展内容提升改造，于2009年10月25日正式建成为河北海盐博物馆，编制挂靠在黄骅市博物馆。

2010年8月19日，黄骅市博物馆被河北省科学技术协会命名为“河北省科普教育基地”。

2010年12月，河北海盐博物馆被河北省科学技术厅命名为“河北省省级科普基地”。

开馆仪式

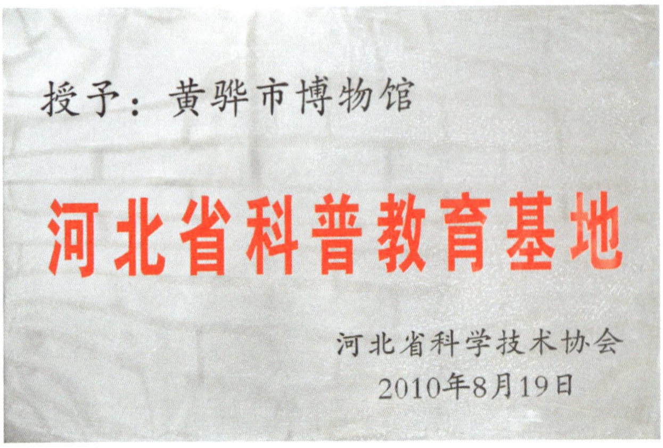

河北省科普教育基地挂牌

河北省省级科普基地挂牌

2011 年 2 月，河北海盐博物馆展出的“天工开物 —— 中国盐史”荣获“河北省第二届博物馆陈列展览精品”精品奖。

2011 年 5 月 18 日，“天工开物 —— 中国盐史”获“第九届全国博物馆十大陈列展览精品”最佳创意奖。

2011 年，河北海盐博物馆被河北省全民科学素质工作领导小组命名为“河北省科学素质教育基地”。

“河北省第二届博物馆陈列展览精品”精品奖

“第九届全国博物馆十大陈列展览精品”最佳创意奖

“河北省科学素质教育基地”

2011 年 12 月 22 日，经全国旅游景区质量等级评定委员会授权，河北省旅游景区质量等级评定委员会评定，河北海盐博物馆景区被评为“国家 AAA 级旅游景区”。

2012 年 7 月 10 日，黄骅市博物馆（河北海盐博物馆）被人力资源和社会保障部、国家文物局评为“全国文物系统先进集体”。

2012 年 7 月 24 日，河北海盐博物馆被河北省国土资源厅命名为“河北省国土资源科普基地”。

“国家AAA级旅游景区”

“全国文物系统先进集体”

2012年10月15日，黄骅市博物馆（河北海盐博物馆）被中国科学技术协会命名为“全国科普教育基地”。

2013年4月至11月，黄骅市博物馆展厅进行提升改造，展览面积由800平方米扩大到1000平方米，展厅分为序厅、历史文物展厅、海洋生物展厅和陈茂才书法艺术展厅。

2013年5月1日，河北海盐博物馆被国家文物局评为“国家三级博物馆”。

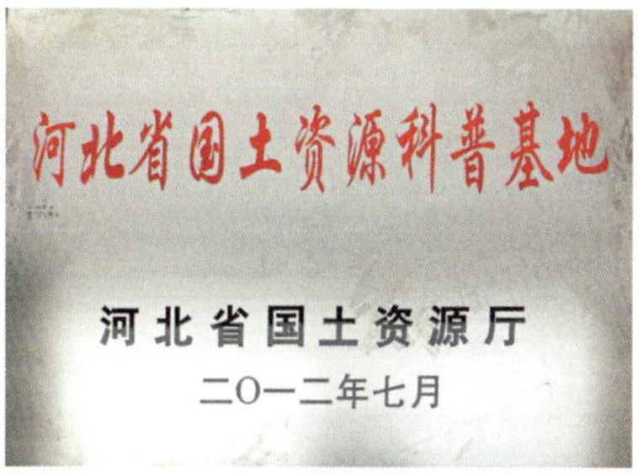

“河北省国土资源科普基地”

“全国科普教育基地”

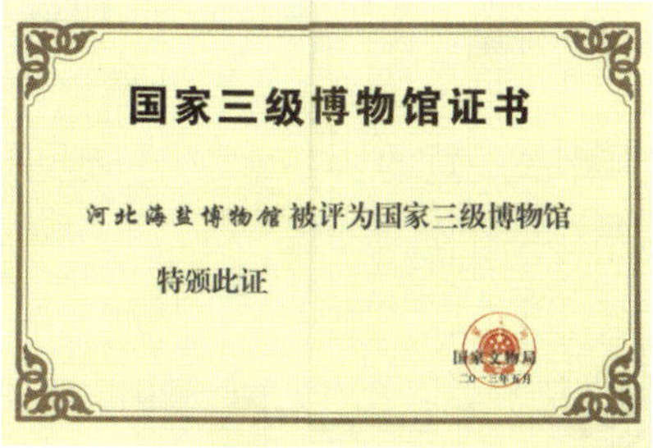

“国家三级博物馆”

2013年8月8日，河北海盐博物馆通过河北省科学技术厅的考核评估，继续认定为“河北省省级科普教育基地—河北省海盐文化科普基地”。

2013年11月1日，“台湾”媒体《联合报》《中华日报》报道河北海盐博物馆赴台展览。

2014年8月17日，河北海盐博物馆在2013年度全省博物馆、纪念馆免费开放工作绩效考核中，取得了全省第四名的好成绩。

2014年10月2日，河北海盐博物馆对纪念品商店进行了升级改造。

2014年10月15～16日，河北海盐博物馆应邀参加了中国科普研究所主办的第六届“馆校结合·科学教育”论坛。

2014年10月26日～11月23日，河北海盐博物馆举办了“瑰宝于博物馆里精彩呈现民俗在你我手中快乐传承”民俗文化宣传活动。

2015年9月，“海上丝绸之路北起点——海丰镇遗址出土文物展”正式开展。

民俗文化宣传活动

海丰镇遗址出土文物展厅

2015年河北海盐博物馆入选全国首批“信得过”景区。

四、交流协作

河北海盐博物馆坚持“走出去、请进来”的交流协作方针，与各个院校、兄弟馆及其他单位积极开展交流活动，大力传播盐业科技和科普文化，提升公众科学文化素质。

2013 年 5 月 9 日，“盐的故事”科普展在北京中国科学技术馆正式开幕，河北海盐博物馆作为此次展览的协办单位之一，推出了代表性盐产品——“渤海盐雕”。

参加“盐的故事”科普展览

以“盐”为媒介，开启“两岸”盐业科普工作交流与合作的先河。2013 年 11 月 1 日～2014 年 1 月 1 日，河北海盐博物馆基本陈展“天工开物——中国盐史”在台湾盐博物馆举行。

2015 年 4 月 25 日，四川自贡盐业历史博物馆馆长宋青山一行 3 人来河北海盐博物馆交流考察。

2015 年 5 月 12 日，江苏盐城中国海盐博物馆副馆长黄兴港一行 7 人来河北海盐博物馆参观交流。

“天工开物——中国盐史”展览开幕

博物馆结合学校课程和教学计划，挖掘、整合博物馆青少年教育资源，研究、提炼博物馆资源与学校教育的有机结合点，开发博物馆教育课程，开展丰富多彩的教育体验活动。

展览走进北京交通大学海滨学院

组织中小学生学习盐雕制作

展览走进乡镇学校

组织渤海理工职业技术学院学生学习面花制作

五、阶段成果

（1）科普作品创作

为了提高河北海盐博物馆的知名度，博物馆利用各种渠道积极进行对外宣传，将研究成果编撰成书，相继出版了《黄骅市博物馆馆藏文物精品》《黄骅市文物志》《2000年黄骅市海丰镇遗址发掘报告》等图书，并编有《河北海盐博物馆》画册两种。除与黄骅市报社、黄骅电视台等传统媒体合作以外，还开通“黄骅市博物馆”微信公众平台，借以公布博物馆动态，积极与观众互动。

出版图书

编制画册

报纸报道

（2）门户网站建设

“河北海盐博物馆”（黄骅市博物馆）网站于2010年5月建成，设有“本馆概况”“最新动态”“临时展览”“服务指南”等栏目，介绍博物馆基本情况和日常工作动态。同时，网站设有“网上博物馆”，可供观众在线浏览博物馆基本陈列和馆藏文物，满足人们网上参观的需求，目前点击量已突破5万余人次。网站网址：http://www.hbhybwg.com，网站定时更新内容，运行状况良好。

网站截图

（3）科普活动开展

河北海盐博物馆利用“全国土地日”“科技活动周”“全国科普日”“国际博物馆日”“中国文化遗产日”等纪念日开展一系列宣教活动，不定期举办临时展览，向全市人民传播科普知识。自河北海盐博物馆建馆以来，河北海盐博物馆与黄骅市博物馆两馆累计接待学生、教师、军人、党政领导等社会群体观众300余万人次，其中青少年学生占50%以上。

“中华魂——长城”展览

“低碳生活”展览

“科技活动周暨国际博物馆日”庆祝活动

“全国科普日”庆祝活动

“中国影响世界的100个发明与发现”展览

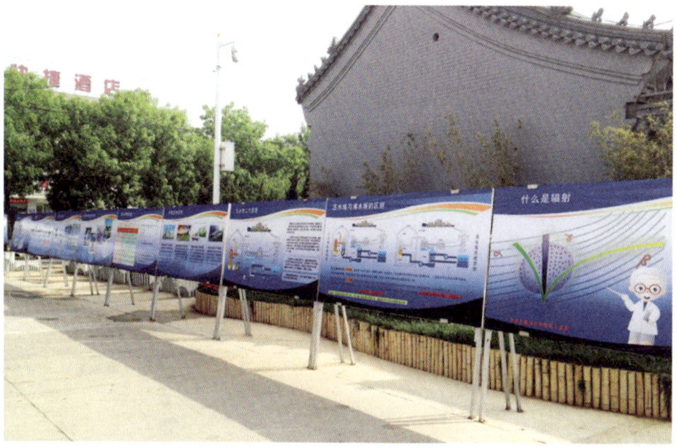

“绿色核能”科普展

“可持续发展与生态文明”展览

（4）科普人才培养

河北海盐博物馆建立了一支稳定、高素质的科普人才队伍，包括馆内固定科普人员 8 人、志愿者 15 人。除定期对科普人员进行培训，还不定期组织科普人员到各地进行交流学习。2014 年 10 月，博物馆聘请了河北省博物院副院长周筠、社教部主任刘卫华和副主任于晓梅来馆进行授课和辅导。

河北省博物馆社教部主任刘卫华授课现场

科普人员参加培训

六、未来蓝图

长芦沧州盐业历史悠久，可上溯至战国时期。黄骅市作为长芦盐业的发源地，地位举足轻重，其食盐生产满足了京津冀等广大北方地区的需要，并为政府的财政收入提供了稳定的保障。长芦沧州盐业史研究成果丰硕，意义重大，其中仅《长芦盐法志》就2万余卷，包含了明清以来丰富的天气、经济、盐政、盐文化、盐民俗，甚至连朝代变迁对百姓民生的影响都浓缩在了长芦沧州盐史当中。从某种意义上说，一部长芦沧州盐业史，就是一段北方历史缩影。这就需要我们聚焦长芦沧州盐业，对其历史、文化、运营等每一部分进行研究、审视、定位。为此，下一步我们将开展河北海盐博物馆扩建工作，重点展示长芦沧州盐业的发展历史。

河北海盐博物馆扩建后效果图

河北海盐博物馆扩建工程已经市发改委批准立项，并被市政府列为“千项基础性工作”之一。目前，正在制定扩建方案，提出扩建设计要求，会同规划部门进行规划设计。目前，根据扩建方案内容制定文物征集方案，并按方案征集盐业文物及资料。

今后，河北海盐博物馆将紧紧围绕“把河北海盐博物馆打造成河北盐业文化的文物收藏保护中心、中国盐业文化的展示中心、中国盐业历史的研究中心”目标，努力将河北海盐博物馆建成全省乃至全国的科普基地、爱国主义教育基地、盐业文化研究中心和旅游观光胜地，积极发挥博物馆“咨政育人、传承文明、普及知识、丰富生活”的作用。

小贴士

享有盛誉的长芦盐业

河北盐业历史悠久，早在殷墟至西周早期的盐业遗址，已于海兴县发现。春秋战国时期，姜太公封齐，管仲建议“煮沸为盐”兴鱼盐之利而强国；燕国因有“鱼盐枣栗之饶”，成为“渤碣之间”一大商业都会。西汉元封元年（公元前110年），朝廷规划产盐场区，凡出盐多的郡县，设置盐官，掌理盐政。当时渤海郡的章武（今黄骅市旧城村）、辽西郡的海阳（今滦县），两处盐官辖区，官府给予牢盆（煮盐器具），招募民户煮盐，这包括了河北沿渤海西岸的整个范围。

南北朝时期，东魏天平元年（公元534年），于沧、瀛、幽、青四州临海的地域置灶煮盐，并在沧州设置盐官管理四州盐务。四州中，沧州置灶1484个，瀛州置灶452个，幽州置灶180个，青州置灶456个，总数达到2572个。每年收盐20.97万斛，形成了以沧州为主、环绕渤海的广阔盐区。唐初置河北道，沧、瀛、幽、平诸产盐州均属其统辖，因此，其所产之盐统称“河北盐”。唐天宝末年，安史肇乱，河北招讨使颜真卿率军抗敌，景城（即沧州）等数十郡响应。为筹措军费，真卿“收景城盐，使诸郡相输，用度遂不乏”，首开中国盐政史上食盐专卖的先例。宋元时期，大规模扩展河北盐业。元代设置河间都转盐运使司，所辖盐场多达22场，仅次于两浙、两淮，位居第三位；盐产量达8～9万吨。

“长芦盐”的名称，来自明洪武年间。“河北盐”宋元时期为煮海煎盐，明朝改开滩晒盐；海盐生产技术的重大革新，于明章潢在《长芦煎盐原委》中有详载：“海丰等场产盐，出自海水，滩晒而成”。因晒盐利厚，定立新征课法“凡长芦海滩附近灶民修浚滩地滩晒盐亩，每年以十分为率只取三分被纳逃亡额数。”因推广“天日晒盐”，河北盐业又现高潮，于明洪武元年（公元1368年）沧州长芦镇置盐运管理机构，“北平河间盐运司”统一管理渤海西岸从山海关到海兴（包括天津）一带盐务。至永乐初年，直称“长芦都转运盐使司”（简称“长芦运司”），该机构相当于现在的盐务局或盐业运销总公司。明代海盐实行统购统销政策，该司负责收购转运河北（包括天津）24场产盐，销售供给北方169州的用盐。所以不管是产区还是销区人们，渐渐把“河北盐”改叫“长芦盐”了。这是河北产盐的鼎盛时期。清代长芦盐销区，不断扩大。到清康熙年间，新兴的码头天津漕运兴旺起来，水路陆路交通枢纽形成，沧州运署搬至天津。又因税负加重，官吏腐败等因素，到道光年间，裁撤了很多盐场，至北洋政府“善后大借款”后，盐务稽核所操纵了盐政大权，使河北盐业逐步陷入半殖民地半封建化境地，产盐中心逐步转移到了天津。

抗日战争时期，日本侵略者为掠夺长芦盐，在乐亭成立“乐清盐业组合”，建厂开滩晒盐，从1937年到1945年把河北产盐大部运往日本。为解决抗日军民吃盐问题，盐区开展了艰苦的斗争，冀东组织盐民支队，黄骅组织“渤海支队”“渔盐民救国队”展开对日本军和国民党反动派的斗争，恢复盐业生产。在冀东组建晋察冀边区盐务管理局，1949年天津解放，在天津成立长芦盐务管理局，隶属华北人民政府财政部，驻天津，统一领导河北天津长芦盐区的产销业务。

中华人民共和国成立以后，天津市曾并入河北，后又划为直辖市，分家时塘沽、汉沽盐场划给天津市，长芦盐区的格局名称一直未变。分家后，河北从1956年起，重点投资建设了南堡盐场、黄骅盐场，复建、扩建大清河盐场。同时，各县、乡投资建起一批地方小盐场，生产规模日益扩大，盐业机械设备上马，从20世纪60年代开始，动力纳潮代替风车扬水；电力牵引扒盐机、输盐管道与双层弧形筛配套，取代人力扒盐、吊盐、撩坨，小火车、拖轮机、斗轮机、出舱机、皮带输送机等成龙配套，改用机械施工修滩。生产工艺和设备均达到国内先进水平。

尤其是中国共产党第十一届三中全会以后，制盐工业迅猛发展，各主要盐场的基建、技改项目的相继完成，生产能力日益扩大。目前长芦盐区已成为全国第二大海盐生产基地。其产品以质量好、纯度高、品种多、产量大，赢得国内外消费客户的信誉。盐民们以勤劳、勇敢和智慧，使所产“长芦盐”享誉天下，在中国盐业的发展史上留下了光辉的一页。

河北省赤城侏罗纪地质公园科普基地

■ 孙艳广　梁成福

一、基地简介

河北省赤城侏罗纪地质公园科普基地地处冀北山区燕山余脉群山之中，总面积 22.97 平方千米，由样田恐龙足迹遗迹、独石口冰川遗迹、后城丹霞地貌三部分组成。公园融自然、人文景观于一体，并以典型的恐龙足迹化石群、冰川地貌、丹霞地貌等遗迹资源，向公众展现了其独特的自然和人文魅力，对研究古地理气候环境、生物演变、人文历史有极高的科学研究价值。

二、资源特色

1. 恐龙足迹遗迹

其标志性地质遗迹为凤凰山东麓落凤坡、寺梁村发现两处恐龙足迹遗迹。从目前展露面积发现，印迹散露在 100 多平方米的岩石上，有 100 多个，最大的长 41 厘米、宽 30 厘米，最小的长 11 厘米、宽 8 厘米，一般印迹长 30 厘米、宽 20 厘米，趾行标准距离 123 厘米。可发掘展露面积在上千平方米以上。2001 年 3 月，中国科学院古脊椎动物与古人类研究所研究员董枝明对“落凤坡”动物足迹的形状、大小、方向、密集程度勘察后，认定为恐龙遗迹化石，并分析该种恐龙身高大约 2 米，长 5 米，体重达 10 吨左右，是一种三趾食肉性恐龙。根据恐龙足迹的密集性推断，“落凤坡”是当年恐龙的栖息地，在赤城的大山里极有可能还存在着大量的恐龙足迹化石。果然，不久在距“落凤坡”6 千米的寺梁村又发现了与“落凤坡”不同的恐龙足迹化石。董枝明认为赤城两处恐龙足迹的发现是“十分有意义的发现，是难得的地质资料，极具科学研究价值”。

样田恐龙足迹遗迹全貌

样田恐龙足迹遗迹

样田恐龙足迹遗迹

2. 冰川遗迹

冰川遗迹位于赤城县独石口城东南 5 千米处的冰川梁。由于长期的冰蚀、风蚀作用，方圆 26 平方千米内地势平坦开阔，地形波状起伏，山顶存留有无数的冰蚀、风蚀花岗岩景观，岩石上大小的冰臼清晰可见，是北方罕见的古冰川遗迹——冰蚀夷平面，具有较高的科学研究价值。

蘑菇石

仙人桥

冰臼石

卧驼石

千佛指

3. 丹霞赤壁

后城赤壁位于河北赤城县后城镇北，北距县城约 40 千米，南距北京 100 多千米。它南起后城，北到龙门所，绵延 20 余千米，垂高达 200 余米，犹如一座巨大雄厚的绿色屏风巍然矗立，在夕阳的余晖中灿灿生辉，异常壮观，当地人将其称为长嵯。

后城赤壁——长嵯

长嵯局部

滴水崖

朝阳洞

三、成长历程

2003 年，赤城县人民政府开始申办地质公园。2005 年，河北省国土资源厅组织专家通过对申报材料的审查及实地考察，批准建立该地质公园，名称为“赤城中生代地质公园”。因区域内矿产开发、公路铁路建设、风电建设、资金等制约，项目一直未批准建设。2011 年 3 月，赤城县人民政府向河北省国土资源厅申请调整公园规划。2012 年 3 月 21 日，河北省国土资源厅批准了公园调整规划。

公园调整后，名称变更为“河北省赤城侏罗纪地质公园”，面积由原来的 700 平方千米缩小为 22.97 平方千米，园区由 8 个调整为 3 个，分别是后城丹霞地貌遗迹园区、样田恐龙足迹遗迹园区、独石口冰川遗迹园区。

2014 年，经河北省国土资源厅评审通过，成为省国土资源科普基地。

四、交流协作

专家、学者实地考察样田恐龙足迹遗迹

专家、学者实地考察独石口冰川遗迹

五、阶段成果

(1)举办科普知识讲座

每年定期举办科普知识讲座，聘请赤城县国土资源局及河北省地质、地勘单位专家，对相关工作人员进行专业地质知识培训，提高公园讲解员的专业知识讲解水平。采编地学科普知识，印制成《河北省赤城侏罗纪地质公园导游手册》免费向青少年发放。

(2)举办青少年夏令营、冬令营

与张家口市教育系统合作，举办“史前探秘”夏令营和冬令营，由公园地质讲解员全程为小营员们进行科普知识讲解辅导。征集参与者写的观后感，分批次在公园内以板报、宣传栏等形式展出，并向积极踊跃投稿的作者赠送参观门票，鼓励他们认真学习，有所收获。

(3)开展科普宣传活动

在“世界地球日”“世界环境日”“全国科普日”地质科普夏令营等众多活动中，公园提供门票优惠等条件，举行义务宣传和地学科普知识咨询。

(4)促进媒体宣传

通过张家口市电视台和赤城县电视台，向全市观众介绍河北省赤城侏罗纪地质公园恐龙足迹的由来、四十里长嵯壮丽的丹霞地貌景观，普及地质科学知识。

六、发展蓝图

充分发挥自身优势，积极进取，努力挖掘潜力，增添现有馆藏。现正在积极申请，争取早日成为国家级地质公园。

(1)发挥公园资源优势，为培养优秀地质人才服务

公园计划与省内地质相关的大中专院校签订地质科普实习基地合作协议，利用公园丰富的地质地貌资源及充足的矿石、化石标本资源，为地质学科的学生提供一个“学用结合，识别标本”的活动场所。通过这项活动，引导大学生将个人前途和国家利益、自身发展与地质事业紧密结合，为国家经济持续发展提供源源不断的人力资源。

(2)发挥地质博物馆的馆藏优势，为中、小学生地质科普知识推广服务

地质公园博物馆收藏各类矿物岩石、化石标本，资源非常丰富，未来将加强与当地中、小学校合作，充分发挥博物馆的资源优势，为中、小学生提供学习地质知识的活动场所。

(3)发挥公园地质宣传优势，积极开展各项主题宣传活动

配合各级政府及主管部门开展科普宣传活动，积极组织开展“科技活动周”“全国科普日”等大型科普宣传活动，通过我们的宣传，使更多的领导、国内外朋友和广大观众对赤城这片神奇土地产生浓厚的兴趣，对公园蕴藏的丰富资源有新的认识，对河北省经济及旅游事业的发展充满信心。

（4）立足基础建设，为地质公园增砖添瓦

为增添展馆藏品，公园管理处计划将赤城县古子坊村附近的硅化木化石挖掘出土，送至展馆及张家口市地质博物馆展览；为了更好地吸引中、小学生，提升其对地质构造、地质变迁等领域的兴趣，公园管理处计划对赤城县虎叫村南的虎石洞溶洞进行勘查开发，为中、小学生野外参观考察提供活动场所。

小贴士

冰川运动

冰川运动指冰川冰在重力作用下自源头向末端的移动，包括塑性变形和底部滑动两种过程。运动是冰川区别于其他自然冰体（如河冰、湖冰、海冰和地下冰）的最主要特点。一系列的冰川地质地貌现象，如裂隙、褶皱等的形成，冰川侵蚀、搬运和沉积作用，都与冰川运动紧密相关。

塑性变形是当温度不远低于它的融点时，冰的变形方式像高温金属一样，变形速率与施加的应力之间呈非线性关系。冰的变形可用位错理论解释。用X线衍射观测到，冰内位错的组态与其他可塑性变形物质的情况明显相似。除了晶体内位错运动和晶体间彼此相对移动外，晶体生长，晶体边界迁移和重结晶作用，对多晶体冰的变形均有重要影响。多晶体冰变形远比单晶冰变形缓慢。

底部滑动只发生在冰川的底部冰处于融点的情况下。冰川顺冰床流动，遇到基岩凸起时，同时产生两种过程：一种是再冻结（又称复冰现象）。当冰川运动通过这种凸起时，在凸起的上游一侧遇到阻力，产生余压，使冰融化，融水绕凸起流动，流至下游一侧便产生再冻结。冻结释放的潜热，通过凸起及周围的冰，传导到上游一侧，又使这里的冰融化。这样的机制不适用于基岩凸起的长度大于1米处，因为通过这种凸起的热传导，微不足道，不产生融化和冻结的反复过程。当冰温低于融点时，也不产生这种现象。另一种过程是塑性流动的增强。在凸起附近，冰内纵向应力大于冰内应力平均值，这里的应变率也大于冰内应变率的平均值，冰的运动速度同应变率和距离的乘积成正比。比较大的基岩凸起，会使冰体在凸起较大的距离上增大应力和提高运动速度；比较小的凸起这种效应较差。冰床上如果有水，会影响滑动速度；基岩、岩块和砾石之间的摩擦降低滑动速度，许多地方冰与岩层之间有砾石层也会减低滑动速度。冰川表面运动速度为冰的塑性变形速度和滑动速度之和，滑动速度与冰面速度的比率变化很大，各地钻孔测得的比率变化不同。

有些冰川在经历了较长时期的稳定甚至停滞之后，在短暂时间内突然出现异常快速的前进或巨大的水平位移。跃动期间运动速度为正常冰川速度的10～100倍。这种冰川称跃动冰川。在同一条冰川中跃动是重复地在有规律的时间间隔中发生的；跃动起因于冰川内部的不稳定性。在跃动冰川发生地区，只是若干条冰川而并非所有冰川都发生跃动。

常态冰川运动很缓慢。不同冰川的冰面速度变化很大。中国天山乌鲁木齐河源1号冰川，1980～1981年间51个测点的平均年流速为6米，最大年速度测点仅为10.62米。珠穆朗玛峰北坡绒布冰川中游

海拔 5520 米处 1966 ~ 1968 年间最大年流速达 117 米。阿尔卑斯山的大山谷冰川（长 10 ~ 20 千米），一般年流速为 80 ~ 150 米，格陵兰的林克斯冰川每天的运动速度高达 28 米。同一条冰川在不同部分的运动速度亦有明显差异。在纵向上，零平衡线附近流速最大，而向源头或冰舌末端流速降低；在横向上，冰川中心线上流速最大，向两侧逐渐减少；在垂向，冰面流速大于冰内和冰下。冰川运动速度也随着时间而变化。一般来说，时间间隔越短，速度变化愈大。

冰川运动是冰川对冰床进行刨蚀和搬运。塑造各种冰川地貌的动力使积累区的冰量得以输出，并对冰川温度有很大影响，是研究和开发利用冰川资源的重要内容，也是防止冰川灾害重点研究课题之一。

河北承德丹霞地貌国家地质公园科普基地

■ 张治河　吴纬文　孟　颖　孟祥辉　潘鸿钧

一、基地简介

河北承德丹霞地貌国家地质公园位于河北省承德市，公园以鸡冠山、朝阳洞园区为主体，总面积22.67平方千米。

承德地区地处坝上高原和山前盆地两大地貌单元接合地，独特的地理位置和地质构造特征造就了世界五大地质运动之一的“燕山运动”，促生了承德独特的“丹霞地貌”，形成了丰富而种类齐全的矿产资源，遗存有典型的鸟、鱼、昆虫、恐龙等化石，构成了一部灿烂多姿的地质演化历史。

二、资源特色

■ 丹霞地貌景观

丹霞地貌常形成于内陆坳陷或断陷盆地内的巨厚层红色砂岩和砾岩沉积岩，反映干热气候条件下的氧化陆相河湖沉积环境。丹霞地貌区奇特的风景往往具有很高的旅游开发价值，丹霞地貌是承德国家地质公园自然景观的主体与基础，其发育典型、造型丰富、类型齐全、风景优美、发育阶段保留完整，有“中国塞北丹霞地貌”之称。受构造运动、气候条件、岩石成分等影响，承德丹霞地貌以石峰、石堡、石墙、石柱等景观为主，象形山（石）、穿山洞穴也很发育。

鸡冠山景区——石柱

■ 峡谷陡崖、石墙景观

“有陡崖的陆相红层地貌”是丹霞地貌的基本特征，公园中产状平缓的紫红色砾岩夹透镜状砂岩地层，由于新构造抬升运动，河谷深切，形成网状峡谷与两侧的陡壁景观，峡谷之间山冈上保留的平缓台面形成高台地貌。高台四周若为悬崖陡壁则称为“城堡山”，陡壁之间延伸较远的平缓山梁则为“跑马梁”，如“东、西龙脊”、“野猪岭”等。随着侵蚀作用进行，山谷之间的平缓台地继续发展则形成狭窄陡峭的“夹沟墙”。栲萝树村的沟头横排三堵南北向的岩墙，墙谷相间，被称为“中国丹霞第一墙”。

夹墙山景区——夹墙山

■ 奇峰、怪石景观

在风化、风蚀、崩塌等外力雕琢作用下，地质公园内形成了众多造型奇特的石峰，大多为单体出现。著名景点“磬锤峰”俗名“棒槌山”，古称“石挺”，由侏罗系土城子组紫红色巨厚层砾岩构成，为4条沟谷流水溯源侵蚀的中心。由于根部风蚀作用强烈，形成上粗下细的奇异景观，双塔山是土城子组紫红色砂砾岩岩墙风化崩塌的结果，仅存山体为沿垂直节理风化剥落而成。

区域内由于长期外力作用形成了众多象形山（石），大多体态较小，造型生动。“蛤蟆石”位于“磬锤峰”正南的山梁上，同为土城子组紫红色巨厚层砂砾岩的风化残余体，神似金蟾，昂首面南。

棒槌山

蛤蟆石

■ 洞穴、石拱景观

公园内的红色砂砾岩夹泥岩、页岩，因为结构、构造与矿物的差异性，山体被侵蚀成石龛、岩槽、蜂窝穴、扁平洞、穿山洞等地貌景观，进一步风化侵蚀则发展为石桥、石拱。“蛤蟆石”底部的风蚀岩

朝阳洞

天桥山

洞，高约0.8米，宽3米，纵深12米，南北贯通。“朝阳洞”是承德红色砂砾岩层中的空中巨型穿山岩洞，发育在陡崖上，海拔720米，约300万年以来，流水、风力对砾岩中钙质砂岩不断侵蚀、崩塌而成。与“朝阳洞”一沟之隔的“天桥山”，桥长180米，有“中国丹霞第一桥”之称。

■ 水体景观

武烈河古称“武烈水”，是滦河流域的一条支流，不仅河水清澈，风景秀丽，而且流域内发育了典型的丹霞地貌景观。热水溪由避暑山庄德汇门东侧流出，沿迎水坝向南汇入武烈河，全程仅500米，《大英百科全书》称其为世界最短的河流。溪流细小窄浅，清澈温热，冬无结冰，承德旧称“热河”得名于此。

热河泉

武烈河上游多热水泉，其成因在于岩层古老、地层破碎。位于承德县头沟镇的汤泉水温高达41℃～44℃，直径1米，涌水量5吨/小时，在清朝时就被开辟为皇家行宫。避暑山庄内的热河泉水温常年保持在8℃，属花岗岩断裂上升泉，曾是火山喷发点，是研究构造运动与岩浆作用的理想地点。

■ 热河生物群

热河生物群所包含的生物组合十分丰富，它囊括了白垩纪早期众多门类的陆相化石生物，包括鱼、两栖类、爬行类、鸟类、哺乳类、古植物及其孢粉，以及无脊椎动物类群中的双壳类、腹足类、节肢类（包括虾类、昆虫类和蜘蛛类）、介形虫等。其中，早期鸟类、带毛恐龙、原始哺乳动物和早期被子

最古老的竹节虫化石

飞鸟类恐龙化石

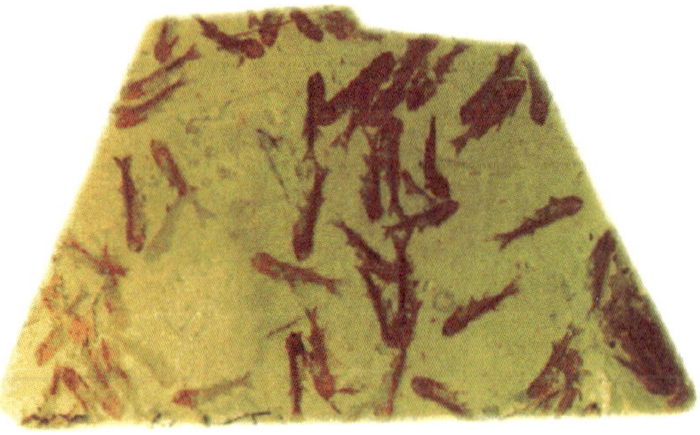

狼鳍鱼化石

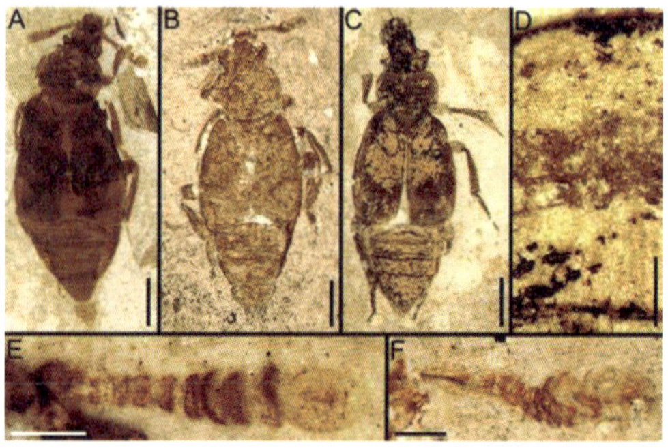

早白垩世的葬甲化石

植物的发现成为20世纪古生物学界最为重大发现的一部分，它们的研究成果涉及现代生物界许多重要生物门类的起源和早期演化问题，为探讨地球陆相生态系统的演变过程和规律提供了难得的线索和例证。

三、成长历程

2008年1月20日，成功申报河北承德丹霞地貌省级地质公园。

2011年9月，河北省国土资源厅组织专家对省级地质公园进行验收。

2011年10月，河北承德丹霞地貌省级地质公园揭碑开园。

2012年4月，被国土资源部授予第六批国家地质公园建设资格。

2013年12月，国土资源部审查河北承德丹霞地貌国家地质公园规划并审批通过。

2015年5月，承德市人民政府办公室对公园规划进行了公布。

2016年8月，通过国土资源部组织的专家评审。

四、交流协作

2014年2月13日，与广东丹霞山世界地质公园签订友好姊妹公园协议书。

2014年2月14日，与深圳大鹏半岛国家地质公园缔结为姊妹公园。

2014年5月，与国王屋山—黛眉山世界地质公园缔结友好姊妹公园。

2015年4月，热河地质博物馆与河北民族师范学院签订实习基地协议，将热河地质博物馆作为河北民族师范学院的实习和实践基地，充分利用博物馆深厚的文化资源，为学校提供更广阔的学习平台。

2015年9月，中国地质博物馆馆长贾跃明一行考察了热河地质博物馆；同年12月20日，批准热河地质博物馆成为国家地质博物馆分馆。

2016年4月，与河南汝阳恐龙国家地质公园结为姊妹公园。

与广东丹霞山世界地质公园缔结为姊妹公园

与深圳大鹏半岛国家地质公园缔结为姊妹公园

与河南汝阳恐龙国家地质公园缔结为姊妹公园

承德热河地质博物馆与国家地质博物馆学习交流

河北民族师范学院与热河地质博物馆签订实习基地协议

中国地质博物馆馆长贾跃明一行来我馆考察

五、阶段成果

（1）科普场馆建设

建设了地质文化博览园和热河地质博物馆，馆在园中，园内有馆。主展馆位于鸡冠山园区，建筑面积10000余平方米，展陈面积10000余平方米。一层依次划分为序厅、中央展厅、地球展厅、古生物演化展厅、地质环境展厅、地质矿产资源展厅。二层分为宝玉石展厅、土地资源展厅、地质景观展厅、承德矿产资源展厅、“4D”影院。

三层分为测绘展厅、承德观赏石展厅，主馆外新增承德古生物化石展厅。展出岩石、矿石、古生物化石、宝玉石、观赏石等珍贵标本或实物。采用现代多媒体手段，宣传地球科学知识，重塑热河及承德地质演化历史，突出展示热河生物群、承德地质矿产与地质景观等。

古生物演化展厅

矿产资源展厅

宝玉石展厅

“4D”影院

测绘展厅

承德古生物化石展厅

地质文化博览园以盘古广场为核心，中有巨石如磐排列，刻以地质年代序列；主广场西侧为地质科普长廊和矿石阵。

在宝莲山景区西侧的山沟内建有侏罗纪公园，由硅化木林区、仿真恐龙区和地层剖面区三部分组成。

盘古广场

地质科普长廊

陨石撞击复原场景

地质文化长廊——元古代

侏罗纪乐园

矿石阵俯视图

湖心岛

（2）科研成果出版

在国内外核心刊物上发表科学研究成果，以供互相交流；论文汇编成册，出版发行，供各大专院校、地学爱好者参考使用。出版《承德丹霞地貌国家地质公园科学导讲必读》《承德丹霞地貌地学背景及保育研究》。

(3)科普作品编制

通过科学解释把成果采用图片和通俗的语言进行地质科学普及。创作了环幕影片《热河地质创奇》，讲述承德大地由远古时代到现在的演变过程。制作完成《承德丹霞地貌国家地质公园宣传片》；编制《承德丹霞地貌国家地质公园导游手册》《承德丹霞地貌国家地质公园宣传折页》等。

科研成果

博物馆宣传折页

(4)科普活动开展

1)建立科普基地：建立中小学科普基地，与中小学联合举办各种科普活动，如2017年举办“科学小达人”活动；建立大学生科普基地，与承德师专、承德石油、承德旅游学院签订教学基地，成为学校的实习科普基地。

2)乡土科普活动：每年4月借助“世界地球日”，在承德市开展“爱护地球、爱护家乡一山一水”科普活动，在中小学校举办“认识地球、爱护家园”知识竞赛，参加人数200～300人；每年9月派专业人员走进学校向青少年进行科普教育1次，或邀请承德市中小学生到地质博物馆参观，举办地学科普知识讲座1次；借助承德国际旅游节举办“承德风光”摄影比赛1次。

3）科学实践活动：每年5月份举办1次“地学趣味知识问答”有奖比赛；每年7～8月，利用暑假邀请大中专学生开展地学探险之旅实践活动，40人/次；建立丹霞地貌教学实习基地，设定考察路线，观察丹霞地貌、火山岩、沉积岩及不整合界面等，绘制大比例的科考实习路线图。

“河北新疆一家亲”夏令营

河北大学学生参观博物馆

青少年科普开放日活动

（5）门户网站建设

建设完成了博物馆官方网站，网址为 http://www.cdrhdzbwg.com/；完成数据库及演示系统的建设。

网站建设

承德热河地质博物馆自2012年试运行至今，累计接待游客5万余名，省、市各级领导百余人，成功申报中国地质博物馆分馆，获得了“承德市旅游标准化示范单位”“服务业标准化示范单位”“河北民族师范学院实习基地”等称号。

六、未来蓝图

承德丹霞地貌国家地质公园主馆博物馆成为国家地质博物馆承德分馆，今后计划走入央视10套《地理中国》节目“承德丹霞地貌”单元；计划在承德热河地质博物馆举办国家地质公园摄影艺术展；组织承德市文化广播电视局、摄影家协会及市委、各县区共同编制宣传资料，加大地质公园宣传力度，提高地质公园知名度。

通过地质公园建设，充分挖掘丹霞地貌研究价值，增加承德的自然景观旅游项目，突出地学科考、科普教育和皇家文化，将公园建设成集地学科考、山水观光、生态休闲、文化娱乐于一体的、国内一流的地质公园。

小贴士

丹霞地貌

丹霞地貌指由产状水平或平缓的层状铁钙质混合不均匀胶结而成的红色碎屑岩（主要是砾岩和砂岩），受垂直或高角度节理切割，并在差异风化、重力崩塌、流水溶蚀、风力侵蚀等综合作用下形成的有陡崖的城堡状、宝塔状、针状、柱状、棒状、方山状或峰林状的地貌特征。丹霞地貌主要分布在中国西北部及西南部、美国西部、中欧和澳大利亚等地，其中，中国分布最广。

1928 年，获美国哥伦比亚大学地质学硕士学位的矿床学家冯景兰，在我国广东省韶关市仁化县丹霞山注意到了分布广泛的古近纪—新近纪（6500 万年～165 万年前）红色砂砾岩层。在丹霞山地区，厚达 300～500 米的岩层被流水、风力等风化侵蚀，形成了堡垒状的山峰和峰丛、千姿百态的奇石、石桥和石洞。冯景兰意识到这是一种独特的地貌景观，并把形成丹霞地貌的红色砂砾岩层命名为“丹霞层”。“丹霞”一词源自曹丕的《芙蓉池作诗》，“丹霞夹明月，华星出云间”，指天上的彩霞。

1938 年，构造地质学家陈国达把这种红色岩层上发育的地貌称为“丹霞地形”，并把这种地形作为判断丹霞地层的标志。

1977 年，地貌学家曾昭璇才第一次把“丹霞地貌”按地貌学术语来使用。

1982 年，素有“丹霞痴”之名的地理学家李见贤（黄进）发表了《丹霞地貌坡面发育的一种基本方式》，这是中国论述丹霞地貌的第一篇论文。这个时期正是中国旅游业大规模发展的起始阶段，丹霞地貌作为一种重要的旅游资源，受到了来自社会各界越来越多的关注。

1983 年，《地质辞典》首先提出丹霞地貌定义，“指厚层、产状平缓、节理发育、铁钙质混合胶结不匀的红色砂砾岩，在差异风化、重力崩塌、侵蚀、溶蚀等综合作用下形成的城堡状、宝塔状、针状、柱状、棒状、方山状或峰林状的地形。”这是学术界对丹霞地貌所下的第一个定义。从此之后，不同的辞书、专家对丹霞地貌的定义达到 20 种以上，甚至同一位专家对丹霞地貌所下的定义在几年之间也会发生很大变化。而这些定义中的不同之处若从岩石地貌学的角度来看，是属于原则性的，各种定义彼此是不能合理共存的。岩石地貌中的关键因素是构成地貌的岩石类型，对于构成丹霞地貌的岩石来说，多数人主张是碎屑岩中的砾岩和砂岩，有的则认为还应包括火山碎屑岩、红色碳酸盐岩、浅变质岩，甚至有人主张只要是能形成赤壁丹崖群的红色岩系就行。此外，关于构成丹霞地貌的岩石的成岩环境也没有达成统一认识。多数人主张应该是陆相（即当时应是在河流或湖泊环境中）沉积的岩石，有人则认为应包括海相（即当时应是在海洋环境中）沉积的岩石，还有人提出：“凡红色碎屑岩，不论它是陆相、海相、火山相（即是由火山活动所生成的岩石），只要形成丹崖赤壁的都称丹霞地貌。”

在中国境内所发现的丹霞地貌几乎全发育在不早于中生代（距今 2 亿多年前）的地层上，而且岩石的成分以陆相沉积为主（岩石是由当时的河流或湖泊沉积物所形成的，而不是在当时的海洋环境中形成的）。然而，随着研究的范围向全世界扩展，学者们发现，其他国家的丹霞地貌也有发育在更古老的地层或者海相沉积岩层中。于是，有的学者就建议放宽对红色岩层的时间及成分限制，以利于把丹霞地貌的概念向全世界推广。在早期对丹霞地貌的定义中，地貌的形态往往会被不厌其烦地描述，这样的定义充分说明，丹霞地貌是有着许多曼妙优美的形态的，这种形态并不具有普遍性，因此可以把它们归为一类地貌。然而，随着研究丹霞的人越来越多，全国各地的丹霞地貌都有人去考察，在大量调查的基础上，丹霞地貌的定义变得越来越简洁和有概括性，再也不罗列具体的地貌形态了，而是把这些形态归结为“以赤壁丹崖为特征的一类地貌”（即有陡崖的陆相红层地貌）。学者们规定“丹崖”的高度应大于10米，“丹崖”的坡度则应满足悬崖坡的条件：55°～90°之间。高度和坡度低于上述标准的丹崖不能算是丹霞地貌，应归入红层丘陵山地中，这是划分丹霞地貌与红层地貌的界限。

2009年，《中国国家地理》杂志社与中国地理学会共同发起了“中国地理百年大发现”的评选活动，丹霞地貌的发现就名列其中。

走进国土资源科普殿堂

——河北省国土资源科普基地掠影

ISBN 978-7-116-10704-5

定价：98.00 元

形象造型设计

Image Design

主 编 周硕珣 彭西银

北京理工大学出版社
BEIJING INSTITUTE OF TECHNOLOGY PRESS

形象造型设计

Image Design

主　编　周硕珣　彭西银
副主编　曾澄波　李四仙　邓　超
　　　　周洪梅　石树勇

北京理工大学出版社
BEIJING INSTITUTE OF TECHNOLOGY PRESS

内容提要

本书是服装和形象设计专业的基础教材，以美学设计方法为依据，结合化妆、发型、服饰品搭配等专业知识，详细讲解了整体造型设计的方法及技巧。全书共包含四个学习情境，十一章内容，阐述了形象设计中化妆造型和服饰搭配的相关内容，以及人物整体形象统一的原则，在加强对学生专业能力与技巧培养的同时，强调教学内容的实操性，帮助个体实现塑造良好形象的目标。本书在每个章节末尾都设置了能力训练题，指导学生很好地实践章节的知识点，促使学生逐步改变和进步。

本书可供高等院校服装设计和形象设计等相关专业师生使用，对渴望提升自我形象的广大爱美人士也有指导作用。

版权专有　侵权必究

图书在版编目（CIP）数据

形象造型设计/周硕珣，彭西银主编.—北京：北京理工大学出版社，2018.1

ISBN 978-7-5682-4976-8

Ⅰ.①形…　Ⅱ.①周…　②彭…　Ⅲ.①个人－形象－设计　②服饰－设计　Ⅳ.①B834.3　②TS941.3

中国版本图书馆CIP数据核字(2017)第279323号

出版发行 / 北京理工大学出版社有限责任公司

社　　址 / 北京市海淀区中关村南大街5号

邮　　编 / 100081

电　　话 / （010）68914775（总编室）

（010）82562903（教材售后服务热线）

（010）68948351（其他图书服务热线）

网　　址 / http：//www.bitpress.com.cn

经　　销 / 全国各地新华书店

印　　刷 / 北京紫瑞利印刷有限公司

开　　本 / 889毫米×1194毫米　1/16

印　　张 / 7

字　　数 / 211千字

版　　次 / 2018年1月第1版　　2018年1月第1次印刷

定　　价 / 68.00元

责任编辑 / 王晓莉

文案编辑 / 王晓莉

责任校对 / 周瑞红

责任印制 / 边心超

图书出现印装质量问题，请拨打售后服务热线，本社负责调换

前言

Foreword

现代形象造型设计是彰显人类品质、体现人类自身社会价值与地位的一种行为方式。随着人类社会经济文化的发展及国际化政治文化交流的拓宽，形象在人际交往中的作用越来越重要。形象造型设计是非语言性的信息传递媒介，人们关注的形象已不再仅仅是一张脸，而是从发型、化妆、服饰到社交礼仪、气质风度的整体性修饰，人们希望通过外表的美化充分地展示自己的人格、社会地位、职业、文化水平、个性以及所承担的社会责任，创造一个属于自己的更有特色以及更完美的整体形象。

本书内容涵盖了个人形象设计、服饰形象设计的发展历程、服饰形象设计的建构与管理、日常服饰形象设计方法等基础理论知识；同时针对个人外在特征和个人气质性格倾向分析与个人风格评定，对职业服饰形象设计、休闲服饰形象设计、社交场合服饰形象设计、创意形象设计进行了风格划分及解读。

本书注重应用与实践环节的契合，具有很强的实用性和可操作性；由浅入深、由理论到实践，从体系、内容、观点到材料的选择，均以强调知识性、应用性和系统性为前提，力图有所创新。

本书由周硕珣、彭西银担任主编，由曾澄波、李四仙、邓超、周洪梅、石树勇担任副主编，其中周洪梅负责完成相关资料的整理校对工作。本书在编写过程中，参考了各高等院校服装设计专业老师提供的大量建议，在此，对提供相关理论依据的同人深表谢意。同时，本书的完成还得益于广州榕晞贸易有限公司李广艺和徐水良、广州汇弛服饰有限公司钟沅豪、广州田字格服饰有限公司毛乘胜的大力支持，吸取了他们企业的优秀设计经验，确保了教材内容与企业实际紧密结合，在此，对他们表示诚挚的感谢。

由于编写时间仓促，编者水平有限，书中难免存在疏漏及不足之处，敬请各位读者及广大同人批评指正。

编　者